熟年ベンチャーの始め方

48の成功ルール

有澤生晃
株式会社へリックスジャパン代表取締役
Takaaki Arisawa

ぱる出版

まえがき

人生100年時代、定年後に何をするか?

この本をお読みのあなたの年齢は何歳でしょうか? 日本人の平均寿命は、男性81・09歳、女性87・26歳といわれています(厚生労働省発表資料、2018年)。そして、2025年からは、2人に1人は100歳まで生きるといわれています。

つまり、あなたが100歳まで生きられるとすると、仮に60歳で定年退職したあとに、残りの人生が40年もあることになります。これは20歳で入社し、60歳の定年まで勤め上げたサラリーマン生活と同じ40年ですから、ただ無意味に時間を浪費して過ごすのは非常にもったいないことです。実際、定年退職後も9割の人が働き続けているそうです。また、5割の人が同じ会社で勤務を継続しています。完全に引退するのは全体の1割程度なのです。

さて、東京海上日動あんしん生命保険株式会社が2015年に行ったアンケートによると、定年退職後にやりたいことの順位は次のとおりでした。

1位　旅行
2位　働き続ける
3位　芸術
4位　料理
5位　スポーツ

私も旅行が好きなので、気持ちはとてもわかります。ただ、別の問題も出てきます。まず「旅行に行けるだけのお金」があり、さらに「足腰が丈夫な健康状態」でなければ旅行に行けないということです。

近年は年金の受給年齢がどんどん上がっているので、あなたが65歳、70歳になったときには、まだ年金がもらえない可能性もあります。また、健康寿命も延ばさないと、晩年は寝たきりで過ごすことになってしまいます。

不動産情報サイトのＳＵＵＭＯ（スーモ）が行った「60代・70代に聞いた！　定年後の生活、不安と楽しみは？」というアンケートで「不安なことランキング」は、次のとおりでした。

1位　今の収入でやりくりできるか
2位　今の貯蓄額で足りるか
3位　自分が認知症などで介護が必要になったらどうしたらいいか

やはり、多くの人が老後のお金と健康に不安を感じていることがわかります。では、どうすればこれらの問題を解決し、充実したセカンドライフを送れるのでしょうか？　私はこの問題を解決する最良の方法は、「起業することだ」と考えています。そして50～60代で起業することを「熟年ベンチャー」と名付けました。

この「熟年ベンチャー」に取り組めば、「やりがい」と「健康」と「お金」が同時に手に入ります。そして、「熟年ベンチャー」がどんどん増えれば、日本人の老後の問題や医療費の問題や日本経済の問題など、いろいろな難題も一瞬で解決します。

本書では、この「熟年ベンチャー」について、起業を成功させるための心構えや方法などをくわしく紹介していきます。本書を読んだことで「熟年ベンチャー」で活躍する熟年層が増えてくれたら、それが私にとって最高の喜びです。

バナナが食べたいから社長になった

私は、第2次世界大戦が始まる前に生まれました。いわゆる、戦前の生まれです。終戦の年、私は10歳でした。そして、その頃の食べ物で一番思い出深いのが「バナナ」です。当時のバナナは貴重品で、病気になったときでないと食べさせてもらえませんでした。店先でバナナを見ると、「あぁ、これがバナナという果物なんだ」と足を止め、見とれていたのです。食べたいと思うことさえ畏《おそ》れ多く、手の届かない存在でした。

そんな話をしても、今の若い人たちには理解できないかもしれません。何しろバナナは、今となってはたった100円で何本も買えるようになったのですから。

戦後しばらくして、神社のお祭りや駅前の大通りで定期的に開かれる縁日で、バナナの叩《たた》き売りが見られるようになりました。映画「男はつらいよ」に登場する「フーテンの寅さん」のような格好をしたテキヤ風のオジサンが、裸電球の明かりの下で、当時は高価なバナナを売り台に山と積み、威勢良く声を張り上げ、短い棒で売り台を叩きながら売りさばいていたのです。目の前に集まっている人たちの前で、値段を見る見るうちに下げていく光景は、眺めているだけでも楽しくなるものでした。そんな風景も含めて、10歳だった私にとってバナナは、まさに夢のような食べ物だったわけです。私に限ったことではなく、当時の子どもたちにとってバナナは憧れの食べ物でした。

そんなとき、ある大人がこういったのです。

「バナナが食べたかったら、社長になればいい。そうすれば、バナナなんて好きなだけ食べられるぞ」

私はあのときのことが忘れられません。

「社長になれば、バナナが好きなだけ食べられる。よし、絶対、社長になろう！」

本気でそう思いました。ですから、私が社長になろうと決意したのは、ちょうど10歳の頃なのです。

それから70年以上が過ぎ、86歳になった私はバナナだけでなく、多くの夢を叶え、今も「日本中の人を健康にしたい」という新しい理想を抱いて、忙しい日々を送っています。

「夢は、強く思えば必ず実現できる」……これは有名なナポレオン・ヒルもいっていますが、実は２４００年前にアリストテレスが残した言葉です。

私自身も60年を超える経営者人生で実感していますが、夢の実現に必要なのは、まず「強く願うこと」です。強く願えば、自然と実現のために欠かせない「努力」が苦にならなくなります。つまり、夢を実現するためには楽しく努力すること。これが達成への一番の近道だと、私は考えています。

今、一番ホットな「熟年ベンチャー」のすすめ

最後に、「熟年ベンチャー」がどれほど注目を集めているのか、実際のデータを見てみましょう。中小企業庁が発行している「中小企業白書２０１９」によると、日本の起業家の年齢（男性）は50代が16・３％、60代が14・９％、70代以上が３・０％であり、合計34・２％と50代以上の割合が３・５割近くを占めています。つまり、日本で起業する人の３分の１以上は、50代を越えた熟年なのです。

ですから、「もうこの年になって……」とか、「今さら起業なんて……」と考える必要はまったくありません。むしろ、新型コロナによって従来型の大企業や産業の多くが業績を悪化させている今だからこそ、市場はベンチャー企業にとってチャンスにあふれているといえるでしょう。

変化の時代はその変化の波をとらえ、その流れに乗った者が成長できます。手前ミソで恐縮ですが、私が最初に起業した小さな下請け塗装会社が、ここまで成長できたきっかけは、日本を不況のどん底に叩き落とした1973年の第1次オイルショックでした。

「産業の血液」とも呼ばれる「石油」が、3カ月で約4倍に高騰したこの事態により、当時の日本は大混乱に陥ったものです（大勢の主婦がスーパーに押しかけた「トイレットペーパー買い占め騒動」はご存じでしょうか?）。街は失業者であふれ、私の会社も倒産寸前に追い込まれました。しかし、そのピンチがあったからこそ、それまでの「塗装業」をやめて、「マンションの大規模修繕」という新分野に取り組むことができ、下請けを脱却して元請けとなることもできたのです。

今50～60代の方は、新型コロナが引き起こした混乱によって、将来に大きな不安を抱えておられることでしょう。そうでなくても、日本の年金は頼りにならず、老後資金が不足しそうだ……と感じておられる方は大勢いらっしゃるはずです。そんな皆さんはぜひ、本書で紹介する「熟年ベンチャー」に取り組むことで、老後の「お金」と「健康」の問題を解決し、さらには「生きがい」を手に入れていただきたいと思います。

熟年ベンチャーの始め方【48の成功ルール】●もくじ

第2章 逆転ホームランの法則

第3章 儲けの種を見つける

第4章 「企業理念」で会社は成長する

第5章 健康はパソコンのOSと同じ

第6章 人生のタイムリミット

第7章 エンディングノートは書くな！

編集協力◉株式会社 天才工場

第1章

なぜ「熟年ベンチャー」が流行《はや》っているのか？

セカンドライフは社長になろう

会社に定年はありますが、人生に定年はありません。まえがきに書いたとおり、日本人の平均寿命は男性81・09歳、女性87・26歳といわれています（厚生労働省発表資料2018年）。そして、2025年から2人に1人は100歳まで生きるといわれていますから、たとえ会社の定年が将来的に70歳まで延長されたとしても、定年後も20〜30年は人生が続くわけです。

一方、その間にもらえる年金といえば、40年間サラリーマンをしていた場合は毎月16万〜17万円程度です。おそらく多くの方が、思ったよりもずいぶん少ないな……と感じたことでしょう。果たして、この金額で20〜30年を健康に、幸せな気持ちで生きていけそうでしょうか？

特に最近は晩婚化が進み、定年までに子どもが成人し、就職していないご家庭も増えています。たとえば夫婦ともに38歳で結婚して不妊治療を続け、子どもができたのが45歳のときだとします。その場合、子どもが浪人せずに大学に進学し、就職できたとしても、親は68歳になっているのです。仮に子どもが上京して私立大学に進学し、さらに学費だけでなく仕送りも必要だとしたら、とうてい年金だけではまかなえません。当然、必要な老後資金も貯《た》められないでしょう。

さらに、最近は住宅ローンを完済する平均年齢が、73・1歳になったという報道もありました（日本経済新聞2020年10月5日）。これもまた大きな問題です。日本の年金額は、住宅ローンを支払い終えた夫婦が、なんとか生きていけるであろう……という想定です。当然、先ほどの年金で住宅ローンを抱えていたら、まったく生活は成り立ちません。

結局、現在の年金制度の基本が作られたのは平均寿命が70歳台だった1980年代ですから、そもそも人口の半分もの人が100歳まで生きることを想定していないのです。

ですから、これからの時代は身体が動く限りは働くことが必須といえるでしょう。実際、定年後はのんびりと旅行やスポーツだけをして過ごそうと考えている人は減っており、まえがきの生命保険会社が行ったアンケートでも、多くの人が定年後も働きたいと答えています。

ところが、定年後に働ける場所はそれほど多くありません。多くの企業が定年制度を設けているのは、その年齢以上の人では、その仕事が務まらないと考えているためです。だから、たとえば事務系・IT系の仕事で採用されることは、特別な技能を持っていなければほぼ不可能ですし、接客業や運送業などの体力が必要な仕事も、シニアが採用されることはほとんどありません。

せっかく多くのシニアが定年後も働くつもりなのに、働く場所がないとすると、どうすればいいのでしょうか？　そこでおすすめしたいのが、「熟年ベンチャー」を起業することです。自分が社長として会社を起こせば、誰にも遠慮することなく、何歳までも働き続けることができます。働き方も自分で決めることができますし、給料も自分で決めることができます。

特にサラリーマンとして長年、上司や同僚、部下に悩まされてきた方にとっては、最高の職場になるでしょう。これからはあなた自身が社長となり、自分で同僚や部下、仕事内容を決めることが可能になるのです。長年温めていたアイデアも、上司や会社の許可を取ることなく、自分の裁量で実現することができます。それは社長だからこそ、できることなのです。

では、ここで「熟年ベンチャー」を起業する前に、自分が次の3つのタイプのどれに当てはまるか考えてみてください。第1のタイプは「組織を作りたいタイプ」です。組織を作り、そこのリーダーとなって、どんどん組織を大きくしていきたいタイプです。このタイプの方は、最も「熟年ベンチャー」に向いています。

第2のタイプは、「組織の中に入りたいタイプ」です。このタイプの方は自分で自由にやるよりも、組織に入って指示に従いたいという人ですから、起業には向いていません。「マンション・寮の管理人」「警備員」「清掃業」など、定型的でシニアでも求人の多い職種を探して、コツコツと働くのが良いでしょう。そこで一緒に働く仲間と良い人間関係を築くことができれば、十分に楽しく生活できます。

第3のタイプは、大きな組織を作るのは面倒くさい、どこかの組織に入って他人の指示に従うのもイヤ、ひとりで仕事をしたいというタイプです。

こういうタイプの方は定年前に資格を取ったり、専門的な論文や記事を雑誌に寄稿したりしておいて、定年後は「士業」や「コンサルタント」として、個人事務所を開くのが良いでしょう。

助手やアルバイトを雇う必要はありますが、基本的にひとりで働くことが可能になります。このタイプの場合も、広い意味で「熟年ベンチャー」といえるでしょう。個人で身軽なため、最も低リスクで起業することができます。

◆熟年ベンチャー成功の秘訣◆

定年後は社長になって、自分で「自分の仕事」を作ろう！

今、起業する年代の3割5分近くは50代以上！

まえがきにも書いたとおり、中小企業庁が発行している「中小企業白書２０１９」によると、日本の起業家（男性）の年齢は50代が16・３％、60代が14・９％、70代が３・０％であり、合計34・２％と50代以上が３・５割近くを占めています。つまり、日本で起業する人の３分の１以上は、50代を越えた熟年なのです。

アメリカのシリコンバレーのＩＴ起業家のイメージからすると、起業するのは20代の若者の特権のようなイメージがあります。それなのに、なぜ日本の起業家の３・５割近くが、50代以上なのでしょうか？　その理由としては、次の３つが挙げられると思います。

1．この世代は「自己資金が豊富」である
2．この世代は「社会経験」がある
3．この世代は「身体が元気」に動く

なかでも私は、特に60代の起業家が最も起業の動機が明確で、意欲も高いと感じています。なぜなら、自分自身の経験や傾向、性格や人脈をしっかりと把握・構築しており、それらに基づいた堅実な事業計画を立てているからです。

このような熟年ベンチャーの業種としては、自らの経験を生かした「経営コンサルタント」、「営業代行」などのサービス業が多いといわれています。私の実感からしても、50～60代の起業で最も成功しやすいのは、体力や資金力が必要な「製造業」「小売業」よりも、初期投資が少なくて済む「サービス業」だと思います。

時間と体力に限りがある「熟年ベンチャー」は「薄利多売」や「大量生産」よりも、「経験」と「知恵」で勝負するビジネスを選ぶべきです。

ちなみに、50～60代のシニア層が起業を志す理由としては、一般的に次の3つが挙げられます。

1．「自分の裁量で仕事がしたい」
2．「定年がない」
3．「性別に関係なく働ける」

私の知人・友人で定年退職した方のなかには、「もう60歳なので、若くはないよ」とおっしゃる方もいますが、私は80歳で新しい事業を立ち上げたので、それからすれば、どう考えても60代はまだまだ十分に若いと思います。ですから、「熟年ベンチャー」は「やり方」さえ間違えなければ、無限の可能性があるといえるでしょう。

◆熟年ベンチャー成功の秘訣◆

シニアには「自己資金が豊富」「社会経験」「身体が元気」の3つの強みがある

「熟年ベンチャー」で成功している人が増えている

日本で起業している人の3・5割近くが50代以上という話を前項で書きましたが、起業後の状況はどうなのでしょうか？　ぜひ皆さんにも、ネットで「熟年ベンチャー」や「熟年起業」、「シニア起業」といったキーワードで検索していただきたいのですが、ざっと見ただけで次のような事例がヒットします。

・東証一部上場の金属メーカーで役員を務め、定年退職後に機能水や水処理装置のベンチャーを起業。新型コロナの影響で、取り扱っている商材の販売量が急拡大
・東証一部上場のプラントメーカーを50代で早期退職後、国連出向経験を生かして専門分野のコンサルタントを開業。著書および講演会、セミナー実績多数。テレビ・新聞・雑誌の取材を受けるほか、政府の有識者会議にも招かれている
・65歳で独自の一般社団法人を作り、インストラクター養成・講演会・セミナーを開催。コロナ禍の状況下でも、自治体からの依頼により、Ｚｏｏｍを使ったオンライン講演会を開催中

・50代で早期退職ののち、「犬の散歩代行サービス」を全国フランチャイズ展開。全国70店舗、年商3億円を達成
・60代で自宅の1階を改装し、完全予約制の石窯焼ピザのレストランを開業。コロナ禍の状況下でも「宅配ピザ」で営業を続け、全国のテレビ局に取り上げられている

このような華々しい事例だけでなく、熟年ベンチャー全体の数値も見てみましょう。日本政策金融公庫の「新規開業実態調査（2015年度）」によれば、55歳以上の起業家の月商（1カ月の売上高）は、100万円未満が37・6%、100万～500万円未満が38・7%、500万～1000万円未満が11・1%、1000万円以上が12・5%となっています。さらに、それぞれの起業家の採算状況については「黒字基調」が56・1%、「赤字基調」が43・9%という回答になっています。

この数値から考えれば、月商100万円以上の熟年起業家の割合は、実に62・3%にもなります。仮に、売上に対して起業家が得ている金額を20%と見積もったとすると、毎月20万円以上の収入があることになります。

もちろん、この計算は赤字のビジネスであれば成り立ちませんが、採算状況のデータでは、黒字基調のベンチャーが半分以上となっています。つまり、2人に1人以上の熟年起

業家が、成功を収めていることになります。

これらの結果を見ても、熟年ベンチャーは決して無謀な賭けではありません。自分自身の経験と知識、これまでに作ってきた人脈、世の中の役に立つための課題意識、そして堅実な事業計画があれば、ほぼ6割の確率でプラスになる取り組みなのです。

これからの世の中はますます高齢化が進んでいくため、どんどんシニアの起業を後押しする制度が整備されていくでしょう。結局のところ、国や自治体も国民には年金だけに頼らず、自分の力で稼いでほしいと考えているのです。実際、すでに国や自治体は「生涯現役起業支援助成金（厚生労働省）」「創業支援等事業者補助金（中小企業庁）」「シニア起業家支援資金（日本政策金融公庫）」などの制度で、シニアによる起業を支援する姿勢を見せています。さらに起業後のさまざまな相談は、各自治体にある「創業支援センター」といった団体が受け付けています。もちろん、「商工会議所」や「日本経営合理化協会」などの民間団体でも、大勢の講師や先輩経営者が相談に乗ってくれるでしょう。

さらに、資金面でも「熟年ベンチャー」には追い風が吹いています。ここ数年、金融機関はどこも預金の貸出先を探すのに苦労しているのですが、特に「地方銀行」は貸出先に困っています。首都圏と比べて、地方は貸出先となる企業が少ないからです。そこで現在、地方銀行のなかには東京に支店を出し、東京支店の貸し出しで生き残りを図っているところがあります。

これは知り合いの銀行OBに教えてもらったコツですが、そのような地方銀行は「東京に支店をいくつ出しているか」をチェックすると、見つけることができます。ひとつしか出していなければ、そこは大企業しか相手にしていないので、ベンチャー企業には対応してくれません。しかし、東京都内に複数の支店を出している地方銀行は、本気で東京での貸し出しで稼ぐつもりがあるので、きちんとした事業計画があり、将来有望だと考えれば、ベンチャー企業にも融資をしてくれるのです。

このコツを使って、私は5年前に現在の会社（株式会社ヘリックスジャパン）では、ある地方銀行の東京支店に飛び込みで訪問し、数千万円の融資を受けることができました。これは昔では考えられないことであり、熟年ベンチャーにとっては非常に有利な状況だといえるでしょう。

ぜひ、時代の変化という追い風を利用し、皆さんも成功している熟年ベンチャーの仲間入りを果たしてください。

◆熟年ベンチャー成功の秘訣◆

成功事例を研究しつつ、国や自治体、金融機関の支援を活用していこう

定年後は「自分の経験」をお金に換えよう

さて、熟年ベンチャーとして起業するときには、どのような仕事で起業すれば良いのでしょうか。私は2つのポイントがあると考えています。

まず、「自分の経験」を生かすことで起業する方法です。これは非常に有効です。ビジネスが成功するかどうかは、「その仕事が好きか」「その仕事が得意か」「その仕事は世の中に求められているか」の3つの条件が重なっているかどうかで見極めることができます。「その仕事」が好きであれば長く続けられますし、「得意（＝世間が求める水準を超えている）」かつ、「世の中に求められている内容」であれば、誰かが喜んでお金を支払ってくれるからです。

実際、いくら皆さんが「好き」で、「得意なこと」であっても、それが世の中に求められていなければ、ビジネスとしては成り立ちません。たとえば、皆さんが「金魚すくい」が好きで、大変得意だったとしましょう。しかし、世の中の人が、お金を払ってまで誰かに金魚すくいをお願いしたいかというと、そんなことはなさそうです。この場合は、もう少し別の起業方法を考えなくてはなりません。

また、皆さんが「好き」で、「世の中に求められている仕事」だとしても、その腕前が世間で認められる水準に達していなければ、やはりお金をいただくことは難しいでしょう。たとえば、世の中には「ピアニスト」という職業がありますから、「ピアノを弾くこと」は世の中に求められている仕事だといえます。しかし、いくら皆さんがピアノを弾くのが好きでも、ピアノの腕がまさにプロ級でなければ、演奏でお金をもらうことはできません。

さて、ここで「経験」を軸に起業を考える方法が有効なのは、「好き」で「得意」という2つの条件をすでにクリアしていることが多いからです。人はなかなか、「好き」でも「得意」でもないことは続けられません。ですから、「経験」があるという時点で、おそらくそれは皆さんにとって、「好き」で「得意」なものである可能性が高くなります。あとは、それが「世の中に求められているものか」という点をクリアすれば良いだけです。私の最初の起業は、まさにこの「経験」をベースに、世の中のニーズを踏まえて始めたものでした。

私は大学時代の4年間、授業にほとんど出席しませんでした。テストの直前だけ、テスト範囲を聞きに大学へ行き、一夜漬けで勉強をしてテストを受け、ひたすらアルバイトに精を出していたのです。

最初は文具店の「御用聞き（＝営業マン）」として都内を自転車で走り回ったり、キャバレーのビラ配りをしたり、日本で発売されたばかりの生命保険の営業をしたりしていたのですが、どれもうまくいきませんでした。そこへ、たまたまお会いした地元の高校時代の恩師が、転職先の「塗料（＝ペンキ）の製造会社」に誘ってくださり、そこで働き始めることができたのです。

そのうち、そこで製造しているペンキを使う職人の仕事を見ていたら、自分にもできそうだと思えたので、そちらのアルバイトを始めました。普通はペンキ職人になるのに10年はかかるといわれているのですが、私は職人の動きを見ているうちに、きれいにペンキを塗るための「原理」があることに気がつきました。おかげで3カ月ほどすると、一人前のペンキ職人になることができたのです（もちろん、手を動かすスピードは10年の経験がある職人のようにはいきませんから、早めに現場に出て、手が遅いのをカバーしました）。

それから大学を卒業した年、私は証券会社に勤めていた友人の紹介で、ハワイで塗装会社を経営している日系二世の方にお会いしました。その方は「これからの日本はどんどん発展する。塗装会社を作りなさい」といってくださり、300万円（＝現在の価値で7000万～8000万円）を出資してくれたのです。

余談ですが、当時の私は会社運営の経験もなく、「見積書」の書き方も知らなかったため、あっという間にこの会社は倒産しかかりました。それを知った証券会社の友人が、自分が売った株を上司に黙って日系二世の方に売らせ、私にさらに700万円の追加出資をするよう仕向けてくれた……という裏話もありますが、紆余《うよ》曲折を経て、ひとつ目の会社は軌道に乗ったわけです。

このときの起業のポイントは、「ペンキ塗りが私の性格に合っていた」「学生バイトだったが、ペンキ塗りの技術は一人前の職人に負けなかった」、「日本は高度経済成長の真っ只中で、次々と新しい建物が建てられており、塗装の需要がたくさんあった」という3点です。

皆さんも定年近くの50代、60代ともなれば、いろいろな経験をされていると思います。ぜひ、一度じっくりと時間をとり、起業のカギとなるような「経験」が自分にないか、それをどう生かせば世の中に求められるものになるか、考えてみてください。

◆熟年ベンチャー成功の秘訣◆

起業で成功するコツは、「自分の経験」×「世の中のニーズ」を見つけること

世の中の「課題」を解決するのが起業

前項で「熟年ベンチャー」として起業するときには、2つの方法があると書きました。ひとつは自分自身の「経験」を軸に考える方法でしたが、もうひとつは、自分自身が発見した世の中の「課題」を解決することを軸に起業する方法です。

世の中には、さまざまな「課題」があります。言い換えると、それだけ困っている人が多いということです。困っている人は、その解決策に対して喜んでお金を支払ってくれます。つまり、世の中の「課題」を発見し、それを解決することに情熱を燃やせるなら、それで起業することも可能なのです。

私の2回目の起業、すなわち80歳での起業は、まさに世の中の「課題」を解決したい、という思いによる起業でした。私はもともと身体がそれほど強くなく、塗装会社を経営していた20代の頃に肺結核を発症し、完治するまでに15年近くかかりました（「ストレプトマイシン」「パス」という肺結核の特効薬が使えない体質だったので、特に長引きました）。ですから、「健康」に対する関心は人一倍強かったのです。私はそれから40年近く、人々が手軽に健康になれる手段はないか、探し続けてきました。

私自身は「玄米菜食（最近は肉や魚も食べています）」「朝の水行（起床後に冷たい水を40杯かぶる。70歳でやめました）」「自彊術《じきょうじゅつ》体操（＝大正時代に考案された体操）＋オリジナルの体操」によって健康になりましたが、これらは一般の方が取り組むにはハードルが高すぎます。しかし、結局のところ「これだ！」というものは見つかりませんでした。

そうこうしているうちに、私は70歳で創業した第一の会社を退任し、10年ほどのんびり過ごしていました。そして80歳になったとき、現在取り扱っている「水素ガス発生装置」と出会ったのです。これが私の第2の起業、「株式会社ヘリックスジャパン」の事業内容の変更につながりました。この装置は現在、いくつかの大学の医学部で研究に利用され、さまざまな病院でもご使用いただいていますが、私はこの装置こそ、人々の健康増進に大きく役立ち、世の中の課題解決につながるものだと確信しています。

というのも、まだ世界中が経験したことのない超高齢化社会を迎える日本の最大の課題のひとつは、シニア層の健康です。人口の4割が65歳以上となる時代が目前に迫っている今、この世代の人たちが健康を害したり、寝たきりの要介護状態になったりすれば、日本の医療費は加速度的に膨張してしまうでしょう。これからは「平均寿命」が延びていくなかで、いかに「健康寿命」を延ばしていくかも課題です。そもそも、これからのシニアは病気や寝たきりになっている場合ではなく、健康でイキイキと生活し、できれば起業してお金を稼ぐ側に回らなければなりません。そうしなければ、本当に日本の財政は破綻してしまうと、私は危惧しています。ここで確認しておきたいのですが、「健康」というテーマは、個人にとっても大きな関心事です。健康でありたいと誰もが考え、それにお金を払うことはごく普通に行われています。つまり、社会的な「課題」があるだけでなく、その課題にお金を支払う人々が存在して初めて、それはビジネスになるのです。ですから、いくらこれは「社会的な課題だ！」と皆さんが考えても、世の中でその課題の解決にお金を払いたがる人がいなければ、そのテーマでの起業はやめるべきです。きちんとお金が回る仕組みがなければ、ビジネスは成り立たないのです。

最後に、世の中の「課題」を軸に起業することのメリットを、お伝えしておきましょう。こちらのタイプで起業をすると、定年後の収入を確保できるだけでなく、非常に大きな「やりがい」を得ることができます。お客様から「ありがとう！」と、たくさん言っていただけるような起業こそ、熟年ベンチャーの醍醐味といえます。ぜひ、皆さんも長年考えてきた世の中の「課題」、これはどうにかしなければならないのではないか……という疑問を「熟年ベンチャー」起業のカギにしてみてください。

◆熟年ベンチャー成功の秘訣◆
「世の中の課題」や「長年感じていた不満・違和感」に「起業のヒント」がある

楽しみながら働いて、健康増進

私は大学で客員研究員をしながらも、70歳から10年間は実業家としては、ほぼ引退生活だったため、仕事のない日々がどのようなものか、よく知っています。人間というのは面白いもので、仕事をしているときには、たまの休日をとてもありがたく思うのですが、「毎日が日曜日」という引退生活になると、なんともヒマで毎日を退屈に感じてしまうものです。

私はゴルフが趣味なのですが、仕事を引退していた間は、なんだかゴルフをするのもつまらなく感じていた気がします。大好きな旅行も、時間はたっぷりあったのに、むしろ行く回数が減ってしまいました。

このように、仕事をしていたときのほうが充実していたと感じるのは、私だけではないと思います。特に、それまで働いていた人が急に定年などで仕事をやめてしまうと、一日中ぼんやりとテレビを見て過ごしたり、図書館で新聞を読んだりしている……という話をよく聞きます。私の友人・知人のなかにも、退職したあと、家に閉じこもっている人が何人かいます。たまに電話をかけてみると、出てくるのはグチばかりです。「毎日がつまらない。忙しく働いている世間の人がうらやましい。お前はその年で会社を経営して、全国を出張で飛び回っているなんて、クビでも締めてやりたい気分だ……！」という調子です。

そんな寂しい老後を送らないためにも、皆さんはぜひ、定年近くになったら自分のペースで楽しみながら働くことを考えてみてください。50〜60代にもなって、身体を壊しかねないような働き方をする必要はありません。むしろ70〜80代になっても楽しく働けるような環境づくりを目指すべきです。

しかし残念ながら、そんな理想の働き方を、どこかの会社に勤めることで実現するのは難しいでしょう。だからこそ、自分で好きなように経営できる「熟年ベンチャー」をオススメしているのです。

実際、「楽しみながら働くこと」ほど、心と身体の健康にとって良いことはありません。熟年ベンチャーの理想像としてよく紹介される事例に、「葉っぱビジネス」というものがあります。これは徳島県上勝町という人口わずか１５００人ほど、高齢者率52％以上という過疎と高齢化の集落で、１９８６年から35年以上にわたって続けられている元祖「熟年ベンチャー・ビジネス」です。

その内容は、豊かな自然で獲れる「葉っぱ（モミジやササなど）」を料理に添える「ツマもの」として、通信販売するビジネスです。この「葉っぱビジネス」に地域のシニア女性が大活躍しており、なかには年間の売上高が１０００万円を超える方もいるそうです。

この葉っぱビジネスを手掛けている「株式会社いろどり」は、年商2億6000万円。さらに上勝町は「葉っぱビジネス」で活気づき、老人ホームの利用者数も減って、町営の老人ホームは不要になりました。「忙しゅうて、病気になっとれんわ！」という、おばあちゃんもいらっしゃるそうです。

ちょっと想像してみてください。「葉っぱビジネス」は綺麗な空気の中で、自分なりのペースで「葉っぱ」を集め、それをインターネットを通じて販売することで、収入を得ることができています。そこには一緒に働く仲間がおり、商品を買って喜んでくださるお客様の声も届きます。野山を歩き回って葉っぱを集めることで、足腰も鍛えられますし、通信販売のためにＩＴ機器を操作することで頭の回転も良くなります。これほど心と身体に良い健康法を、私はほかに知りません。

このように、シニアになっても働くことには素晴らしいメリットがあります。働きすぎは身体に毒ですが、自分にとってちょうど良いペースで働くことは、健康と長生きの秘訣だと私は思います。

◆熟年ベンチャー成功の秘訣◆

どんなサプリメントや健康器具よりも、「楽しく働くこと」が最高の健康法！

「老後資産」より「老後収入」

２０１９年、「老後資産として２０００万円は必要」という話が世間を騒がせたのを覚えておられるでしょうか？　発端は、一般的な生活を送っている高齢者が平均寿命まで生活するには年金だけでは足りず、だいたい２０００万円が必要となる……という金融庁が発表した報告書でした。細かく内容を見ると、年金だけでは毎月5万円ほどの赤字が出るので、その分は退職金や貯金を取り崩して生活することになる、というレポートでした。

ここで、「定年までに２０００万円の貯金があればいいのか。退職金を足せば、なんとかなるな」と考えた皆さんに、注意していただきたいことがあります。それは、「世の中の物価はだんだん上がっている」ということです。たとえば定年退職したときに、退職金と合わせて貯金が２０００万円あったとしましょう。しかし、そこから30年後まで、物価が変わらないということはあり得るでしょうか？　私はおそらく、そうはならないと考えています。

たとえば、２０２０年の30年前といえば、１９９０年です。この頃、ハガキは1枚41円でした。今は63円ですから、だいたい1・5倍になっています。また、当時話題になった

「一杯のかけそば」に出てくる「かけそば」は、駅の立ち食いですと200円前後。現在は300円くらいですから、やはり1・5倍と考えられるでしょう。このように、「デフレの時代」「失われた30年」といわれるような期間ですら、30年も経つと物価は相当上昇するのです。

つまり、定年時点で2000万円持っていたとしても、将来的にはお金が足りずに生活が立ち行かなくなることは、十分考えられるのです。しかも、2人に1人が100歳まで生きるともいわれていますから、先ほどの「平均寿命まで」という試算は、ますます怪しくなってきます。その上に年金制度が改悪されれば、「老後資産」があるから大丈夫、という考えは相当甘いといわざるを得ません。

だいたい、何歳まで生きるかわからないのに、今の資産を使い切ったらおしまい……という状態で、シニア生活を送るのは楽しいでしょうか？　遊ぶことも、旅行に行くことも、おいしいご飯を食べることも、孫にお小遣いをあげることもためらわれ、いつも減っていく貯金残高を気にし続けるのは、相当つらい人生です。これは、「老後資産」だけに頼ることのデメリットです。

一方、「老後収入」があれば、状況はどう変わるでしょうか？　仮に年金収入が月に16万円だとして、毎月働いた収入が15万円あったとします。冒頭の計算によると、貯金の

2000万円から5万円ずつ取り崩す必要はなくなり、逆に毎月10万円の余裕が生まれます。10万円もあれば、相当楽しめるでしょう。月に1〜2回は、ゴルフや旅行、ちょっと良いレストランに行くことができそうです。映画や舞台を観たり、本を買ったりすることも自由にできます。しかも、これは毎月の働いたお金で得る収入ですから、翌月もまた手に入ります。仮に物価が上がっても、働く対価は同じように上がっていきますから、その心配もなくなります。使うとなくなる「老後資産」とは違って、「老後収入」は使っても入ってきますし、物価上昇（＝インフレ）にも強いわけです。これほどの安心材料は、なかなかないでしょう。

さらに、この話に希望が持てるのは、現時点で定年までに2000万円なんて貯金をとうてい用意できないよ、という皆さんです。なぜなら、「熟年ベンチャー」に取り組み、シニアになっても働ける環境を用意しておけば、「老後資産」がそれほどなくても困らないということだからです。むしろ、老後資産を守るために必死になっている人よりも、豊かで幸せな日々を送ることができるのではないでしょうか。

◆熟年ベンチャー成功の秘訣◆
定年後に大切なのは、「資産」より「収入」。年金以外の「収入源」を確保しよう

第2章
逆転ホームランの法則

「逆転ホームラン」を狙うには、準備が必要

会社とは残酷なもので、たとえ課長や部長を務めていた人でも、50代半ばで「役職定年（＝一定の年齢で部署の責任者を下ろされること）」になると、「窓際族」「妖精さん」「社内失業者」などと失礼な呼び方をされることがあります。ましてや、定年退職後の雇用延長ともなると、仕事の内容は変わらないのに、「雇ってもらえるだけありがたいと思え」とばかりに、給料が半分から3分の1に減らされることも珍しくありません。

ほかにも、40代を過ぎたあたりから次第に社内の花形的な仕事から外され、内心では「こんなはずではなかった……」と納得のいかない会社員人生を送っている方も多いのではないでしょうか。

しかし、そのようなつらい経験をしている人でも、早期退職後や定年退職後に、一気に人生が開ける場合があります。この項目の冒頭には、「逆転ホームラン」と景気よく書きましたが、皆さんが本当に狙うべきなのは「ヒット」です。それが難しければ、「バント」や「四球」、それこそ「デッドボール」や「振り逃げ」でも構いません。とにかく、塁に出ることができれば上等です。多くの人が、バッターボックスに立つことすらせず、テレ

ビを観ながら家で腐っているのに比べたら、はるかにましといえるでしょう。

では、どうすれば定年後に、もう一花咲かせることができるのでしょうか？　やはり大切なのは、野球と同じように「練習」です。すなわち、「熟年ベンチャー」に取り組む上での「準備」が重要なのです。会社に勤めている間に起業する決意を固め、そのために必要な準備や勉強をしておく必要があります。

なかでも大切なのは、自分がやろうとしている仕事がお金になるかどうか、見極めることです。果たして自分の技術やノウハウは売り物になるのか、それが不確かなままで起業すれば、逆転ホームランどころか悲惨なことになってしまいます。

この見極めで大切なのは、自分の目と足で確かめることです。シニアの起業でありがちなのが、フランチャイズの見本市やセミナーなどで勧められたビジネスモデルを鵜呑《うの》みにして、よく調べずに独立・起業してしまうことです。他人の口から語られるのは、あくまで「たら・れば」の話です。比較検討を十分にした上で取り組むなら問題ありませんが、軽はずみな気持ちで皆さんの貴重な人生をかけないでください。ホームランを打つどころか、あっという間に試合終了になりかねません。

また、世の中に出回っている「市場調査」も、そんなに当てになるものではありません。データが本当に信頼できるものかどうかわかりませんし、そもそもデータ会社が「この仕事で起業したら儲かりますよ！」と教えてくれることもありません。そのようなものに頼るよりも、ぜひ、自分で具体的に調査してみてください。

たとえば、私はひとつ目の会社が倒産しかかったとき、自分の足で市場調査をして、そこで見つけた新しいビジネスに取り組み、危機を脱出しました。１９７３年、第1次オイルショックにより、ゼネコンの下請けとして建物の塗装をしていた私の会社は、すさまじい逆風（＝資材の高騰、元請けからの値下げ圧力など）にさらされました。そこで私は、東京・新宿の「靖国通り」や「甲州街道」をテクテク歩き、両側に立っている建物を片っ端から訪ねてみたのです。そして、「この建物はどうやって管理していますか？」と聞いて回りました。

プリンスホテルでは「オーナー（＝当時の西武グループ総帥・堤義明氏）の許可がなければ言えません」と追い返されたりもしましたが、一応こちらも社長の名刺を出して尋ねるので、きちんと別室に通され、総務部長が対応してくれるビルもありました。そのビルは「うちはスーパーゼネコンにお願いしています」ということでしたが、とにかくありとあらゆる建物に飛び込んでいるうちに、どうやら「居住用マンション」に〝魚〟がいそうなことがわかりました。具体的には、商業ビルではなく、居住用マンションならば大規模修繕の仕事を受注できそうだと、わかってきたのです。

細かい話で恐縮ですが、当時はまだマンションにおいて「大規模修繕」という言葉すらない時代でした。コンクリートの建物は、メンテナンスをしなくても半永久的に大丈夫だと思われていたのです。しかし、タイミングよくＮＨＫが「コンクリート・クライシス」という番組を放送し、コンクリートの建物も定期的にメンテナンスをしなければならないことを広めてくれました。そうして、一気に世の中の認識が変わって生まれた「マンションの大規模修繕」という新市場に、私の会社はいち早く乗ることができたのです（おかげさまで、このときは４年間で３回も社員旅行で「ハワイ」に行くことができました）。

この「自分の足を使った市場調査」をしている間、知り合いに「お前、そこのところをトボトボ歩いていたな」などといわれたりもしましたが、そんなことは会社がうまくいくことに比べたら、なんでもありません。ぜひ、皆さんも「熟年ベンチャー」に取り組む前に、自分の目と足で市場を調査するなどの準備をし、「逆転ホームラン」を狙ってください。

◆熟年ベンチャー成功の秘訣◆
定年後の「逆転ホームラン」には、会社にいるうちの「準備」が欠かせない

過去の失敗こそが大きな財産になっている

「熟年ベンチャー」を考えているシニアの皆さんにとって、過去の失敗は非常に大きな財産になっているはずです。なぜなら、失敗を経験すると、次は同じ失敗をしにくくなるからです。何かのビジネスで失敗したなら、どういう理由で失敗したのかを分析し、次のビジネスでその点を改良することもできるでしょう。

有名な話ですが、アメリカ・シリコンバレーのエンジェル投資家（＝ベンチャー企業への投資を専門に行う投資家）は、「初めて起業するベンチャー起業家」よりも、「倒産経験があるベンチャー起業家」に投資することを好むといいます。これは、「失敗を経験している起業家ならば、どこが問題なのか把握し、その点を改善した上で、再び起業に挑戦しているだろう」と考えるからだそうです。つまり、「失敗」は起業家にとって、大変貴重な経験（＝財産）なのです。

私も、60年以上の経営者人生のなかで、相当な失敗を繰り返してきました。第1次オイルショックで会社が傾いたとき、靖国通りや甲州街道を歩いて新規ビジネスを思いついたという話をしましたが、このときの私は、「燃える水」という新技術にも飛びついていました。

某大手電力会社出身の技術者が「水を燃やす技術がある」といって、私のところに来たのです。彼が説明してくれた理論を聞き、持参してきた動画を見ると、たしかに水が燃えているように見えました。もし、この技術が本当なら、もう石油はいらないことになります。私は興奮して、「これが成功したら、アラブの王様に殺されそうだな！」と思いながら、実験装置を組んで試験を始めたのです。この新技術には、相当お金を注ぎ込みましたが、さっぱりうまく行きませんでした。そこである日、知り合いだった東京大学の物理学の教授に、「先生、水は燃えますか？」と聞いてみたのです。教授は重々しく、「有澤さん……。水は燃えません」とはっきりいってくれました。

もうひとつ、「これを取り付けるとガソリンが節約できる」という装置の開発にも、だまされました。正月早々、その装置を取り付けた車を東京から九州まで社員に走らせたのです。結果は、「まったく効果なし」というものでした。

このように失敗談を紹介していたらキリがありませんが、おかげさまで怪しげな技術にお金を使うことがなくなり、その後は「マンションの大規模修繕」が軌道に乗りました。もし、この順序が逆だったら、せっかく「大規模修繕」で稼いだお金を使い果たしていたかもしれません。これは、失敗が良い経験になった例だと思います。

さて、80歳で起業した現在の会社でも、よくいえば「試行錯誤」、正直にいえば「失敗」

をいくつもしています。たとえば、「水素ガス吸入装置」はスポーツ選手に売れるだろうと考え、何人かのスポーツ選手に試してもらったことがあります。ところが、たしかに体調が良くなり、記録も伸びて評判は良かったのですが、誰もほかの選手に広めてくれませんでした。考えてみれば当然ですが、ほかの選手が同じ装置を使って、みんなの記録が伸びてしまうと、その選手としては困ってしまうわけです。だから、自分だけの「秘密兵器」のような扱いになってしまい、一向に売れ行きは良くなりませんでした。

ただ、このような失敗は、さまざまな取り組みをした結果ともいえます。さまざまな失敗（＝さまざまな販売方法）を試したおかげで、ようやく「自費診療の病院で使っていただき、そこで装置を気に入った患者さんに買っていただく」という確実な営業方法（＝販路）を見いだすことができました。病気の人にこそ役に立つ商品であることに、それまでは目が行かなかったのです。気がついてみれば「当たり前のことだったなぁ……」というものでしたが、こういうことは、実際に経験してみないとわからないものです。

もし皆さんが、過去に失敗した経験があれば、それは非常に幸運なことです。ぜひ、その失敗を活用するためにも、「熟年ベンチャー」に挑戦してください。

◆熟年ベンチャー成功の秘訣◆

過去の失敗経験は、熟年ベンチャーにおける「強み」になる

会社員時代の人脈を活用する

「熟年ベンチャー」に限らず、起業家にとって人脈ほど大事なものはありません。公務員や開業医などは、向こうからお客様（＝市民や患者）が来てくれますから、人脈がなくても問題は少ないでしょう。しかし、ビジネスというものは、人と人の関わりのなかで動かしていくものですから、それを無視しては生きていけないのです。

ですから、独立しようと考えている人は、会社員のうちから人脈を一生懸命に広げておくべきです。そして、その人脈がいつでも動いてくれるようにしておかなくてはなりません。電話一本で、「実は○○のことで困っているのだけど」「そうか、わかった。じゃあ、飯でも食いながら話を聞くよ」といってもらえるような関係を築いておくのです。仕事で「名刺交換をしただけの人」は、人脈ではありません。

起業するならば、いざというときに一肌脱いでもらえるような関係を作っておくことを考えて、初めからそれを計算に入れて、人脈作りをしておくのです。いやらしいと思われるかもしれませんが、特に日本は「根回し」の世界ですから、人脈がなければ良い仕事はできません。

さて、会社にいる時間は、人脈作りのチャンスです。会社の名刺や仕事を使って、どんどん人に会うことができるからです。そして、このときに「人脈」を作る一番のコツは「教えを乞う」ことです。人間は「教えてください」といわれると、喜んで教えるものであり、それこそが親しくなるための一番の早道だからです。

さらに、教えてもらったら、必ず「お礼」をするのがポイントです。それも「お金」ではなく、「贈り物」をしましょう。ただし、デパートなどで買えるありきたりなものではいけません。値段が高くなくてもいいので、どこかの特産品で珍しいもの、季節のものなどを、お盆や年末以外のタイミングに送るのです。

これは、ほかの人が送る「お中元・お歳暮」に埋もれず、相手の印象に残るようにするためです。このような「年賀状・挨拶状・贈答品」を古臭い手法だと思っている方は多いでしょう。しかし、ある程度の成功を収めている社長たちの間では、今でも当たり前のように贈り物が行き来しています。言い方は悪いですが、それを知らないのは、一般の会社員の方たちだけかもしれません。

たとえば、私の場合は自分で築地市場（現在は豊洲市場）の場内に行って、マグロやマツタケを買い、それを自分で「発泡スチロールの箱」や「竹のカゴ」で梱包して、お世話になっている方にお送りしています。毎回、こういうオリジナルのものを贈られた人は、

「おっ!?」と驚き、必ず覚えていてくれます。

最近の若い方（といっても、40～50代の方ですが）は、「贈り物」は先方が返礼品をどうしようなどと感じ、かえって迷惑なのでは……と心配されるようですが、全然そんなことはありません。お世話になっている人に「お礼」として送っているわけですし、人間は「物をくれた相手」には敵意を抱かないものです。「贈り物をしてくるなんて、憎らしいやつだ」と思う人はいないのです。

こういう贈り物をしていれば、必ず人脈ができます。「あいつに言われたらしょうがないな」と助けてもらえるのです。ぜひ、皆さんも「これは贈り物で送ったら喜ばれそうかな？」というアンテナを張って、実際に「贈り物」をしてみてください。

私のスマホには、数十年間にわたって送ってきたさまざまな「贈り物」のリストがあります。先ほど挙げたマグロ、マツタケのほかにも、羊羹《ようかん》、マンゴー、干し柿、伊万里牛、芋けんぴ、カラスミ、カツオ、煤竹《すすたけ》の箸など、いろいろな物を送ってきました。今も出張などで地方に行くたびに、「これはあの人に送ったら喜ばれそうだな」と思ったら、すかさず記録して、後日送っています。

余談ですが、私のスマホには、お世話になった人と食事するのに適したお店も、和食・洋食・うなぎ・焼鳥・寿司・ラーメン・焼肉など、都内の各駅・地方の土地ごとにリストを作っています（電話番号付きなので、その場で予約もできます）。相手が食べたい料理に合わせて、すぐにお店を用意できるのも、人脈作りにはとても役立ちます。ぜひ、皆さんも取り組んでみてください。

◆熟年ベンチャー成功の秘訣◆

人脈無くして、事業なし

やりたい事業と関係する人と親しくなっておく

前項では「熟年ベンチャー」を考えたときには、まず、勤めている会社関係で出会う人たちとしっかり人脈を作っていくことと、その人脈を本当に使えるものにするコツをお伝えしました。しかし、「熟年ベンチャー」で必要な人脈は、これだけではありません。もうひとつ、これからやりたい事業に関係する人脈作りも欠かせないのです。

たとえば、やりたい事業のことを深く知るためには、本やネットだけではなく、実際にそこで働いている人に聞くのが一番です。業界の最新の状況を知ることができますし(ネットや本の場合、その情報が古かったりします)、仲良くなることで、その業界で仕事を始めたあとに仕事を回してもらったり、協力してもらえたりする可能性もあるからです。

できれば、会社が休みの日などに実際に働かせてもらうなどしておけば、熟年ベンチャーを起業したあと、スムーズに仕事を始められるでしょう。机上の情報や理論だけでは、なかなか本当のことはわかりません。最初は素人《しろうと》でも、とにかく現場に出ていれば、勝手に実力はついてきます。

たとえば、人脈作りに欠かせない贈り物のために、私が築地市場(30年以上前からやっていることなので、まだ豊洲ではなく、築地だったのです）に通い始めたときのことです。本当に安くて良い品は、誰でも入れる観光客向けの「場外市場」ではなく、食のプロ向けの「場内市場」でなければ買えないと聞いていたので、私は最初からプロのような顔をして「場内市場」に行きました。そして何度も通って、マグロやマツタケを買っているうちに、「こいつはちゃんとわかっている奴だ」とお店に認められ、最初から良いものを出してもらえるようになりました。

つまり、私は何度も実際に通うことで、築地市場というひとつの「業界」で、それなりの対応をされるようになったわけです。これは、本格的に起業する前にその業界に飛び込んで「仲間」として認められれば、起業後も応援してもらえたり、相談に乗ってもらえたりする、ということに似ています。

ベンチャー起業をスタートすると、事業が軌道に乗るまでは、みるみるうちに準備した資金が減っていくので、どうしても焦りが出ます。そんなときに落ち着いて人脈作りをしたり、人の話を聞きに行ったりはできませんから、これらはぜひ、会社をやめる前にしておきましょう。

また、自分が取り組む事業に直接関係はしていなくても、ビジネスの基本である「会計の知識」については、会社員のうちにセミナーに通うなどして、ひととおり学んでおくべきです。驚くべきことに、自分の会社の決算書を読めない経営者は、かなりの割合で存在します。それはまるで、飛行機や船の操縦をしているのに、計器を一切読めないようなものです。自分の会社の調子が良いのか悪いのか、数カ月先までの資金繰りに問題はないのか、そういったことが全然わからないまま経営をしていると、ある日突然、会社は倒れてしまうことがあります。くれぐれも注意してください。

なお、勉強会やセミナーといった異業種が集まる場に参加しておくことには、思いがけない仕事上のご縁がつながったり、素晴らしい出会いがあったりするというメリットもあります。私も、日本経営合理化協会の勉強会に参加することで、会社経営の生涯の師といえる方とお会いすることができました。

いずれにせよ、人脈作りにはそれなりの時間がかかるものです。「熟年ベンチャー」を始めようと考えている方は、ぜひ、退職前に取りかかってください。

◆熟年ベンチャー成功の秘訣◆

やりたい事業が決まったら、「退職前」に業界内での人脈を作っておこう

自分の知恵を若い人のために残す

50～60代で起業する「熟年ベンチャー」には、そのままにしておけば消えていったベテラン世代の貴重な経験とノウハウを後世に残し、世の中の役に立てられるという側面があります。たとえば、皆さんが熟年ベンチャーとして起業し、その会社が社員を採用すれば、皆さんのノウハウや経験は日々の仕事を通じて、これからの若い世代に伝えられることになります。一方、皆さんが起業せずに引退生活を送れば、それらは誰にも伝えられないまま、世の中から消えていくことでしょう。それは社会にとって、非常に大きな損失です。世の中には、皆さんの知識や経験、身に付けた技術を求めている人が大勢いるかもしれないのです。

実際、最近の多くの企業では、退職するベテランのノウハウを若手に引き継ぐために、大変な苦労と投資をしています。たとえば、ベテランの技術をもとにパソコンやインターネットなどを使った学習教材を作成し、それを学ばせるといった社員研修は非常にポピュラーですし、VR（バーチャル・リアリティー）装置を使ってベテランの動きを再現し、それを繰り返し学ぶ手法もあります。ほかにも、ベテランにお金を払い若手の指導役として会社に残ってもらうことも、ごく普通に行われています。会社に長年勤めた社員が蓄積した経験と知識は、これほど貴重なものなのです。

しかし、経営者のなかにはそのようなことに理解がないタイプもいます。社員をリストラしたり、会社の資産を切り売りすることで見た目の業績を改善するため、ベテラン社員の価値を認めたり、その活用を考えたりしないのです。もし、皆さんが勤めている会社が、残念ながらそのような経営をされているならば、ぜひ、「熟年ベンチャー」として独立し、同業他社に技術を伝えるコンサルタントやスーパーバイザーになればいいでしょう。それは長年勤めた会社に対する裏切りではなく、社会全体の進歩につながる貢献だと私は思います。

なお、このようなコンサルタント・アドバイザー的な起業を目指すならば、なるべく会社員時代に論文や本を出しておいてください。私の知り合いのなかには、会社員時代にいくつもの技術的な論文を専門誌に投稿していたため、早期退職して個人事務所を設立したあと、いくつもの企業と顧問契約を結び、講演会や著書の出版で活躍されている方がいます。このタイプの方のなかには、大学などの講師として招かれる例も多いようですから、まさに、「後進の育成」に関わっておられることになります。

それから、「熟年ベンチャー」を起業して、積極的に若い世代と交流することは脳の刺激になるので、健康的なシニア生活を送ることにも役立ちます。私は86歳になりましたが、スマートフォンやタブレット、オンライン会議システムなどを非常に便利に使いつつ、30代や40代、最年少は20代の社員たちと議論をしていますから、なかなか老け込むヒマがありません。

もちろん、皆さんも今の若い世代と仕事で関わることになれば、世代の違いによる考え方の違いに驚かされると思いますが、そのときは、私の座右の銘である「自分が偉い・正しいと思うのは地獄の心」という言葉を思い出してください。「自分が偉い・正しいのだから従え」という考え方では、誰も人は付いてきません。それこそ、すぐにケンカになってしまい、周囲に誰もいない地獄に落ちてしまうでしょう。

若い人とつきあうときは、まずは相手の話をいったん受け入れてみようという精神が大切です（私も社員の提案を受けたとき、「そのやり方では恐らく失敗するが、まずはやらせてみて、納得させてから軌道修正するか……」と、よく考えています）。この点だけは気をつけつつ、ぜひ、皆さんも貴重な経験やノウハウを後世に残すために、「熟年ベンチャー」にチャレンジしてみてください。

◆熟年ベンチャー成功の秘訣◆

「熟年ベンチャー」によって、貴重な経験やノウハウを後世に残すことができる

会社員時代のマネジメント経験が起業に生かせる

会社員として、研究職や技術職のような特別な経験や知識がなかったとしても、「熟年ベンチャー」は可能です。たとえば、営業や管理職の経験が長い方には、どのような強みがあるかを考えてみましょう。

ビジネスというものは、私の考えでは大きく分けて2種類しかありません。なぜなら、すべてのビジネスは結局のところ「商品（サービスを含む）を売ること」であり、そして商品には、2種類しかないためです。もちろん取り扱う商品そのものは、いろいろとありますし、お客様も変わるでしょうが、やること自体は同じなのです。

ここで「商品には2種類しかない」とはどういうことか、ご説明しましょう。まず、ひとつ目の商品は「受注してから作る商品」です。お客様から注文されて初めて、作り始める商品です。私が最初に起業した「塗装業」などは、まさにこちらに当たります。2つ目の商品は「前もって作っておく商品」です。ひとつ目を「受注生産」とすると、2つ目は「見込み生産」になります。

この2種類の何が大きく違うかというと、「価格の決定権」があるかどうかです。受注生産の仕事は、まず決まった定価がありません。さらに同業者がたくさんいる場合、「高いからまけろ」と、簡単にいわれてしまいます。一方、見込み生産の場合は、こちらから定価という形で売値を提示できます。たとえ似たような商品が世の中にあっても、まったく同じ商品はそこでしか買えませんから、どうしても欲しければ言い値で買わざるを得ません。

この2種類の仕事がどのように違うかというと、受注生産の場合は、その事業者の評判が大きく業績に影響します。お客様からの信用や、世間の評判が高くなければ、仕事が来ないからです。一方、見込み生産の商品は、その商品に魅力があれば買ってもらえます。

さて、この2種類の商品の違い以外は、取り扱っているものがなんであろうと、ビジネスの基本は同じです。だからこそ、人を使う（＝マネジメントする）力は、どこでも通用します。

つまり、皆さんがすごい商品を開発できる力を持っていなくても、商品を売る力を持っていなくても、そういう能力を持った人を採用し、気持ちよく働いてもらえる環境を作り、方針を決定できるマネジメント能力があれば、どんな分野でも起業は可能なのです。

むしろ、まったく会社で部下を持ったことのない人が、起業してから社員を採用して、うまく経営していくことのほうが難しいでしょう。世の中には「私は部長ができます」という人を揶揄《やゆ》するような向きもありますが、会社で部長として部下を率いた経験があるのは大きな強みです。ぜひ、そのマネジメント経験を、熟年ベンチャーで生かしてください。

このタイプの人が起業するときのポイントは、なんでも自分ひとりでやろうとせず、必要な能力を持った社員を集めて、起業することです。私の知り合いで、せっかく管理職として部下を持った経験があるのに、ひとりで独立起業してしまい、さまざまな仕事に忙殺されて伸び悩んでいる人がいます。私自身も1回目の起業で経験していますが、社長が営業も現場仕事も経理もやってしまうと必ずパンクしますし、会社の業績を伸ばすことができません。

私が起業して最初に受けた仕事は、軽井沢の別荘でペンキを塗る仕事でしたが、最初の1週間だけ職人たちと一緒に働き、その後の仕事は任せて、東京に帰りました（この仕事が終わるまでに2カ月かかっています）。そして、先に帰った私は次の仕事を取るために、営業活動をしたのです。しばらくしてから、今度は父親がクモ膜下出血で倒れました。あわてて実家に帰って看病したのですが、そうすると営業ができなくなってしまい、会社が傾きかけたのです。この経験から営業担当を雇い、私は社長として会社の仕組みがうまく回るように管理する仕事に専念し始めました。

起業した最初はすべてを自分で行なわないとならないかもしれません。私自身もそうでした。会社の仕組みについてはのちほどくわしく解説しますが、いずれにせよ「管理」という能力は、非常に重要な力なのです。

そのことを頭に入れて起業することが何よりも大切です。

◆熟年ベンチャー成功の秘訣◆

管理職経験があるなら、最初に人を採用してから起業しよう

勤めていた会社のノウハウも大きな武器になる

当たり前の話ですが、勤めていた会社で身に付けたノウハウは、起業における武器になります。なぜなら、最初からその業界はどんな状況で、どんなことを、どのようにすれば儲かるかわかっているからです。

さらに必要な資材の仕入れ先や人材の採用、狙うべき販売先なども、経験豊富な分野なら十分にわかっているでしょう。

ほかにも、あなたが担当していたのに、勤めている会社の方針でお蔵入りになってしまった技術・ビジネスもあるでしょう。そのような技術・ビジネスに、熟年ベンチャーとして取り組むのも狙い目です。

私の知り合いは、ある会社で「陸上で魚を養殖する装置」の開発に取り組んでいたのですが、会社の業績が悪化した際に、そのプロジェクトは中止になってしまいました。そこで知り合いは会社を退職して独立し、自らその装置を完成させて、成功を収めています。

もちろん、独立前に会社と権利関係についてしっかりと話し合い、特許についても譲渡されていましたから、何の問題もありません。彼は会社にいた頃に、水産業界に人脈をしっかり作っていましたから、それも大いに役立ったそうです。

ただし、勤めていた会社のノウハウを使って起業する場合、元の会社の顧客には決して手を出してはいけません。それをすると、あとあと大変苦労します。顧客名簿を持ち出したり、それまでの取引先に乗り換えを呼びかけたりするのは、もってのほかです。最悪の場合、法的な問題にもなりかねません。

ここ最近でも、携帯電話会社のソフトバンクから楽天モバイルに転職した社員が、ソフトバンクの技術情報を持ち出したとして、大騒ぎになったことは覚えておられるのではないでしょうか。熟年ベンチャーでも、十分に注意する必要があります。

私は最初の起業をしたとき、塗装業でアルバイトをしていた先のお客様には、いっさい手を出しませんでした。すべて自分で、顧客を新規開拓したのです。そのおかげで、元のアルバイト先との関係は良いままとなり、先方の仕事を回してもらったり、こちらの職人の手が足りないときは、助っ人を派遣してもらえたりしたのです。

世間は狭いもので、不義理をすると思いがけないところで足を引っ張られるものです。

実際、元の勤め先の顧客名簿を使って最初はうまくいったように思えても、自分で販路を開拓する力を付けなければ、やがてジリ貧になるのは目に見えています。

ビジネスはマラソン競技のようなものですから、目先の誘惑に惑わされず、それまでお世話になった会社とは良い関係のまま、独立するように気を配りましょう。

◆熟年ベンチャー成功の秘訣◆

勤め先のノウハウで独立・起業するときは、「立つ鳥あとを濁さず」を心がけよう

第3章

儲けの種を見つける

儲かる事業は「自分の好き」を生かせる事業

そのビジネスが「儲けの種」になるかどうかを判断するには、まず「これだ！」という直感が大切です。そのビジネスに出会ったり、思いついたりしたときに感じたことを、大事にしてください。人間の直感というものは、本当にバカにできないものです。たとえば、私はこれまで会社で採用試験をする際、面接に来た人の話を聞く前に、採用・不採用を決めてきました。採用するかどうかを決めるのは、採用試験会場のドアを開けて、入って来る姿をひと目見た瞬間です。そのときの直感で決めて、間違ったな……ということはありません。それくらい人間の直感は、頼りになるものなのです。だからビジネスの将来性を見抜く際も、まずは直感を重視するべきです。

また、ビジネスが「儲けの種」になるかどうかを判断する上でのもうひとつのポイントは、それに取り組む人のやる気、執念です。やってみたいけれど、周りから「そんなものだめだよ」と言われたら、「ああ、そうですか」と言ってやめるような人は、「何がなんでもこれをやるぞ」と思う人に比べて、ものになる確率は大幅に下がるでしょう。誰がなんといおうと、何がなんでもやるという気持ちでやっていれば、不思議と知恵が出てきて、なんとなくうまくいくものです。

たとえば、自分たちの家や部屋を旅行客に貸して、ホテル代わりにしてもらうビジネスを始めた「Ａｉｒｂｎｂ」という会社があります。この会社は２０２０年12月10日にアメリカのナスダック株式市場に上場し、時価総額が一時10兆円を超えました。そんなとんでもない規模に成長した会社は、もともとは「空いている部屋を誰かに貸そう」という、たんなる思いつきから始まりました。

「そんなバカな」「他人に部屋を貸したい人なんていないるわけない」と、さんざん周囲に反対されたそうですが、それに構わずお客様に対応し続けて、ついに上場までいったわけです。現在の宿泊可能な部屋数は６００万～７００万室にもなっているので、世界最大のホテルチェーンよりも部屋が多いことになります。これは、誰にダメだと言われても、どこまでもやるという執念が勝ったわけです。

つまり、起業する人がそのビジネスをものすごくやりたいと思っていれば、当然ながら必死にやりますから、それだけうまくいく確率は高くなります。もちろん、世の中に需要がなければうまくいきませんが、いずれにせよ、それはやってみなければわからない領域です。

私は80歳で「水素ガス吸入器」と出会い、その製品を取り扱う会社で第2の起業をしましたが、そこには私の人生の情熱を燃やすだけの背景がありました。そもそも私は前に書いたように、肺結核を患ってから健康オタクになりました。玄米菜食やオリジナルの体操だけでなく、漢方薬を自分で煎じて飲んでいたくらいです。それほど、人間の健康についての「こだわり」がありました。

だからこそ、「水素ガス吸入器」に出会った瞬間、「ピン！」と来ましたし、なかなか会社がうまくいかなくても、へこたれずになんとかして売る方法はないか、模索し続けられたのです。それはまさに、「好きだからできた」、「惚れ込んでいるからできた」といえます。

実際、熟年ベンチャーで成功している人は、自分が本当に好きなことに取り組んでいます。それこそ、若いときからピザが大好きだったので、会社を退職してピザ屋を始めたら、大成功したという人もいるくらいです。

このように「好きなこと」で起業すると成功しやすい理由は、なんといっても諦めずに情熱を持って、そのビジネスに取り組めることでしょう。好きなことに関しては、脳のアンテナがつねに立っているので、関連する情報をすばやくキャッチできる点も有利です。また、好きなことに関しては、同じものが好きな人同士の人脈もあるでしょう。長年、それが好きであれば、その対象についての問題点やお客様のニーズ、不満も理解できます。

さらに、ここをこうすれば儲かりそうだな……という勘所にも、気づけているのではないでしょうか。熟年ベンチャーで「儲けの種」を考える際には、ぜひ、「自分の好きなこと・もの」から考えてみてください。

◆熟年ベンチャー成功の秘訣◆

「好きなこと・もの」で起業すれば、粘り強く取り組めるため、儲かりやすい

必ず見つかるブルーオーシャン

まず、事業を始めるときに必要なのは「儲けの種」を見つけることですが、この「儲けの種」は、誰もやってない事業の周辺に見つかります。つまり、すでに多くの企業が参入している市場を、あえて捨てる必要があるのです。

皆さんは、「レッドオーシャンではなく、ブルーオーシャンで戦おう」というような言葉を耳にしたことはあるでしょうか？　この言葉は、フランスにある欧州経営大学院教授のW・チャン・キム氏とレネ・モボルニュ氏によって発表された、『ブルー・オーシャン戦略』という著書で提唱されました。

ブルーオーシャン戦略とは、名前のとおり、「魚（＝顧客）が豊富に泳ぐ青い海（＝市場）」で戦おうという提案です。「競合がいない新しい市場」という意味も含まれています。一方、レッドオーシャンとは、血で血を洗う戦いが繰り広げられ、赤く染まった「競争が激しい既存の市場」のことです。

国内におけるブルーオーシャン戦略の典型的な事例として、10分1000円（現在は1200円）のカット専門美容室「QBハウス」がよく引き合いに出されます。QBハウスは駅の構内を中心に展開している美容室で、忙しいサラリーマン顧客に特化して、全国展開に成功しました。サラリーマンは、従来の理・美容室でやっていたシャンプーや髭剃りなどを必要としていないことに着目したのです。その顧客のニーズを理解し、最低限のサービスを10分という短い時間と、1000円という驚異的な価格設定で提供しました。このQBハウスは、直接の競合が少ない駅に超低価格の新たな市場を創出したのであり、まさにブルーオーシャン戦略で成功したといえるでしょう。

多くの企業は同業種内での戦いにばかり目を向けており、その結果、「もっと安く」「さらに安く」という価格競争に突入しています。私は、競合と同じ戦場で争ってはいけないと思っています。今の時代は、業種・業態を越える必要があるのです。

たとえば、マクドナルドはロッテリアだけでなく、ドトールやセブン‐イレブンとも競合しています。業種・業態は違っても、「ホッと一息つける休息の場を提供する」という「顧客価値」を巡って競合しているのです。ドトールは喫茶店ですから、もともと休息の場ですし、マクドナルドのように軽食を食べることもできます。そしてセブン‐イレブンも、最近はイートイン・コーナーを充実させ、入れたてのコーヒー類を提供しています。つまり、「顧客価値」を追求した結果、どんどん業種・業態の壁はなくなっているのです。

このように、「顧客価値」を最大限に高める事業やサービスの周辺に、儲けの種はあります。業種・業態にこだわるのではなく、「本当に顧客が必要なものは何か?」という問いの中に答えは見つかります。

ぜひ、「熟年ベンチャー」で起業するときには、ブルーオーシャンで「儲けの種」を見つけてください。これが見つかれば、同じ労力でも利益が何倍も違います。

◆熟年ベンチャー成功の秘訣◆

競争の激しい市場は避け、顧客価値を追求して「ブルーオーシャン」を見つけよう

小資金でできる事業を探す

「熟年ベンチャー」を始めるときに、どんな業界を選ぶべきでしょうか。たとえば、皆さんにとって、今から携帯電話業界に参入したり、自動車メーカーを始めたりするのは現実的でしょうか？　ソフトバンクの孫正義社長のように、10兆円くらいの資金があれば話は別ですが、まず実現することは不可能でしょう。そもそも、巨大な競争相手がいる業界は、競争が激しすぎて熟年ベンチャーには向きません。ですから、やはり最初に大金を投資しなければならないビジネスは、避けるようにしましょう。私も80歳からの起業で「水素ガス吸入器」の取り扱いを始めたのは、大企業が参入していない分野だったからです。

それと同時に、開業時に大金が必要なビジネスもおすすめできません。私の知人であるドトールコーヒー創業者の鳥羽博道さんも、開業当初は運転資金で大変な苦労をされていました。彼ほど才能のある経営者でも、起業したばかりの時期は金策で苦労するのですから、用意したお金はすべてを開業資金に使わず、なるべく運転資金に回すのが理想です。

さて、ここで私が80歳の起業で用意した資金について、参考までにお伝えしておきましょう。まず、ひとつ目に創業していた会社から、7千万円の融資を受けました。それから、別途役員を務めさせていただいていた外食系の企業から、５０００万円を借りました。この金額は一見、大きいと思われるかもしれませんが、堅実に働いてきた50～60代の会社員であれば、それほど非現実的ではありません。これまでの貯蓄と退職金、プラス将来性のある事業構想があれば、金融機関などからの借り入れを加えて、2億～3億円の資金を用意することは十分可能です。私の知人・友人で会社勤めをしてきた方も、退職時に1億円の現金がある方は珍しくありません。1億円あれば、あと1億円くらいは何とでもなります。

これくらいの資金があると、余裕を持って会社をスタートすることができます。この規模があれば、社員それぞれの役割分担ができ、相互にフォローし合うことが可能だからです。うまく仕組みを作れば、どんどん事業を拡大していくこともできるでしょう。

一方、数百万円くらいの資金で行える事業は、なかなか規模を拡大できません。それこそ自宅で喫茶店を始めるといった起業になってしまい、将来的な発展性がなく、収入も増えません。さらに、人を雇うこともできないので、起業した本人が休む間もなく働き続けることになります。体調を崩してあえなく閉店し、みすみすお金をドブに捨てることになりかねません。本人の体力に限界がある熟年ベンチャーだからこそ、小資金とはいえ、それなりにまとまった金額を用意して起業するべきなのです。

私がここで申し上げたいのは、仮に会社を定年退職するときに1億円あったとしても、それをそのまま切り崩して生きていくのでは、あっという間になくなってしまうということです。仮に定年後、40年生きるとしたら、1年で使えるのは250万円です。月に直せば、20万円ほど。年金を足しても、30万円少々です。しかも毎年貯金は減る一方ですから、将来への不安はどんどん大きくなります。旅行や趣味などの楽しみにお金を使うことも、躊躇《ちゅうちょ》してしまうでしょう。必然的に、家に引きこもりがちになり、退屈でイライラした不満だらけの老後を送ることになってしまいます。一方、今ある1億円を担保に資金を調達し、熟年ベンチャーから毎月30万~50万円ほどの収入を得ることができれば、どうでしょうか？　本当に楽しくイキイキとした老後になりますし、将来のインフレ（物価の高騰）も怖くありません。ぜひ、じっくりと考えてみてください。

◆熟年ベンチャー成功の秘訣◆

個人で準備できる小規模な資金（2億~3億円）で勝負できる業界を見つけよう

世の中の「フォローの風」が吹いているか？

「熟年ベンチャー」として起業を考えるとき、取り組もうとするビジネスには、世の中の「フォローの風」が吹いていなければなりません。「フォローの風」とは、ゴルフ用語で「追い風」のことです。ゴルフでもジョギングでも、追い風ならボールはよく飛びますし、ラクに速く走ることができます。一方、向かい風ではボールは風に押し戻されて飛距離が出ませんし、風に逆らって走るのは非常につらく苦しいものです。

ビジネスも同じで、世の中の人が欲しがらないもの、そんなものいらないなぁ……という商品を売ろうとするのは大変です。多くの人が、「こんなものがあったらいいな」と思うものでなければ、商売はうまくいきません。たとえば、私が起業に選んだ健康器具の分野は、世の中全体が「健康志向」になっていますから、追い風を受けているといえます。

世の中にどれだけの需要があるのか、またはないのかで、事業のスケールは決まります。飲食店で起業する人が多いのは、人間は食べなければ生きていけませんから、需要が見えやすいことが理由です。ただ、そのような、誰からもすでに見えている需要には競合が多く、大きく発展することは難しいという問題があります。

そこで、ぜひ考えていただきたいのは、まだ多くの人が手をつけていない需要に取り組むことです。警備会社大手のセコムは、「安全」というものを日本で最初に売り出した会社です。かつての日本に、わざわざお金を払って「安全」を買う人はいませんでした。しかし、世の中の変化、すなわち多くの人の治安に対する不安感を読み取り、これからは「安全」を売ることが商売になると考えたセコムは、いち早く「ホーム・セキュリティー」というテーマを打ち出すことで、発展することができたのです。

また、ヤマト運輸の「クロネコヤマトの宅急便」も、かつては存在しないビジネスでした。私も大学生の頃にアルバイトをしていましたが、あの会社はかつて三越デパートで、お中元・お歳暮の配送業務をする下請け会社だったのです。ところが、個人間でモノを運んでほしいという需要が高まりつつあることに気づいた同社社長の小倉昌男氏は、下請けをやめて独立し、現在のような大企業になったわけです。

世の中に吹き始めた「フォローの風」を発見し、それに乗ることができれば、熟年ベンチャーも大きく発展することが可能なのです。ただ、セコムもヤマト運輸も、世の中にない新しいサービスの種を育てるために、さまざまな規制と戦わなければなりませんでした。いわば、日本政府と戦ったわけですから、その苦労は大変なものだったと思います。

最後に私の経験から、大切なことをひとつお伝えさせてください。私の会社で扱っている装置は、これまでも多くのお客様に喜んでいただき、世の中の役に立っている実感があります。そのおかげもあって、「ぜひウチにも売らせてほしい」という方が大勢いらっしゃいました。しかし、不思議とその方たちの多くは、1台も売ることができなかったのです。

1台も売れなかった方たちが、必ず最初に言っていたのは、「仕入れ値を安くしてくれ」ということでした。つまり、自分たちの儲けを一番に考えていたのです。不思議なものですが、この装置を売って儲けてやろうという人は、誰にも装置を買ってもらえず、本当に相手のことを思って売ってくださっている人は、どんどんたくさんのお客様に買っていただけたのです。

結局、「フォローの風」も大切ですが、それ以上に、自分が儲かることよりも買ってくれた人が喜んでくれたり、幸せになったりするのを見たいという人、それがやりがいだという人の商売が、一番うまくいくように思います。

◆熟年ベンチャー成功の秘訣◆
世の中に吹いている風（＝お客様のニーズ）に乗って、起業しよう！

「安定した事業」と「不安定な事業」の違いとは？

第2章で、世の中には2種類のビジネスしかない、ということをお話ししました。すなわち、「受注生産」の商品を扱うビジネスと、「見込み生産」の商品を扱うビジネスです。そのうち、「見込み生産」の商品を扱うビジネスは、自分で値段が決められるため、「受注生産」の商品を扱うビジネスよりも、利益率が高くなります。なぜなら、「受注生産」の場合は決まった値段がないため、他社の見積もりと比べて、「高いよ。よそはもっと安いよ」と交渉されてしまい、利益率が低く抑えられてしまうからです。

さて、安定した収益が得られるビジネスか、収益が不安定になりやすいビジネスか、という観点からは、もう少し違う特徴が見えてきます。たとえば、「管理費」などの名目で、契約後は毎月、定額の料金が入ってくる商売があります。そのようなビジネスは、契約数を増やせば増やすほど売上が上がり、収益も安定します。

たとえば、マンションの管理会社などは毎月管理費をいただいていますから、非常に安定しています。ほかにも、エレベーターの定期メンテナンスを請け負う会社も、非常に収益は安定しています。コロナ禍が起きようと、リーマンショックのような不況が起きようと、簡単に解約はできませんから、毎月お金が入ってくるのです。ほかにも、ダスキンの店舗用マットレスのレンタルビジネス（＝毎月クリーニングして、交換してくれる）や、ウォーターサーバー（＝毎月、飲料水を持ってきてくれる。サーバー代が無料のことも多い）、それに携帯電話会社なども、安定した収益が得られるビジネスです。

最近では「サブスク型」のビジネスも増加傾向にあります。サブスクとはサブスクリプションの略で、たとえば雑誌の年間購読のように一定期間を一定額で利用できるような仕組みのことです。

「熟年ベンチャー」で起業するなら、このような「定期的に売れる商品（サービス）」を見つけて、お客様を集めることを考えるといいでしょう。実際、私が起業した「ヘリックスジャパン」でも、取り扱っている「水素ガス吸入器」について、「販売」と「レンタル」の両方をしています。

ただ、気をつけなければならないのは、レンタルの場合は、最初に装置を作って用意するための資金が必要になることです。ただ、いったんうまく回り始めれば、レンタルのほうが安定度は高くなりますから、現在は運転資金が枯渇しないように注意しながら、「販売」と「レンタル」のバランスを取って、事業を行っているわけです。

ひとつ注意していただきたいのですが、このような「定期的な収入」を得るビジネスは、お客様の負担が大きすぎるものではいけません。私の会社で取り扱っている「水素ガス吸入器」は、1000時間に1回（＝およそ3カ月に1回）のメンテナンスが必要ですが、このメンテナンス費用では利益を上げていません。それをすると、お客様の費用負担が大きくなりすぎるからです。

たとえば、これまでの家庭用プリンターメーカーのビジネスモデルは、「プリンターを安く売って、プリント用インクを高く売って儲ける」というものでしたが、お客様の反感を買い、再利用インクメーカーに大きくシェアを奪われてしまいました。その結果、最近では滅多にインク交換のいらない「大容量インクタイプのプリンター」を発売しています。

結局のところ、お客様のことを考えないビジネス（＝お客様の負担が大きすぎるビジネス）は、どんなものでもうまくいかないということだと思います。

◆熟年ベンチャー成功の秘訣◆
「継続契約できるビジネス」のほうが、「売り切りビジネス」より収益が安定する

商売はアイデアが9割

吉野家ホールディングス（ＨＤ）が展開する牛丼チェーン、「吉野家」はみなさんもご存じだと思います。吉野家はコロナ禍が始まる前まで、すなわち２０１９年12月まで10カ月連続で前年超えの売上を達成していました。この吉野家の成功の陰には、ある商品戦略の成功がありました。それは、「肉の量の調整」です。

吉野家は２０１９年３月に、看板商品の牛丼で「超特盛」と「小盛」という新しいサイズを導入し、それぞれが大ヒットしました。この2つのメニューは、これまで提供してきた牛丼と、内容はまったく変わっていません。丼に盛り付ける肉の量を変えただけですから、新規メニューの開発にかかった費用は「ゼロ」といっていいでしょう。

吉野家ＨＤは、このＶ字回復を達成する前の２０１８年度には、最終赤字60億円と大変な苦境に陥っていました。そういうとき、多くの企業は起死回生を狙って、ついつい新商品開発に社運を賭けるという手法を取りがちです。しかし、吉野家の取った方法は、多額の費用がかかる新商品開発ではなく、「肉の量」の細分化でした。

その裏には、徹底したマーケティング調査がありました。吉野家は、顧客の要望に徹底的に耳を傾けたのです。拾い上げた声から明確になったのは、「牛丼の肉の量」への要望でした。顧客アンケートを詳細に調べると、20代の男性は「もう少し肉が食べたい」と考えており、逆に20代の女性は「もう少し肉の量を減らして」と思っていたのです。こうした調査のもとに生み出されたのが、「超特盛」と「小盛」という、「肉の量を変えただけの新商品」であり、どちらの商品も大ヒットしました。

さらに、このときの調査でもうひとつあぶり出されたのが、「健康志向」というキーワードでした。そのキーワードから生み出されたのが、2019年5月にダイエットスタジオ大手のRIZAPと共同開発したコメ抜き牛丼、「ライザップ牛サラダ」です。こちらもヒット商品になりました。ほかにも、2019年8月に50万食限定で販売した「すきやき重」は、高級部位の牛サーロインを使った高額商品ながらも売れに売れ、早々に完売しました。

こう説明すると、吉野家のV字回復は簡単に成功したように思えるかもしれませんが、同社の牛丼メニューにおける新サイズの登場は、実に28年ぶりでしたから、そう簡単な決断ではなかったと思います。30年近く続いた伝統（＝触れてはならないタブーといってもいいでしょう）を破るのは、外から見れば簡単かもしれませんが、内部の人間にとっては相当覚悟がいる決断だったに違いありません。

ダイエットで有名なRIZAPとのコラボや、税込み860円と従来の吉野家の価格帯の2倍以上と高額な「すきやき重」を売り出すことができたのも、徹底してお客様の声を拾い上げ、そこから生まれたアイデアを、大胆に実現する実行力のおかげでしょう。

　この吉野家の事例から皆さんに考えていただきたいのは、次の3つです。

・ビジネスはお金をかけなくても、アイデア次第で成功できる
・お客様の声の中には、新しいアイデアのヒントが必ず潜んでいる
・浮かんだアイデアを実行できるかどうかも大切

　まとめると、熟年ベンチャーを起業する上では、まずお金を使う前に頭を使って、アイデアを出してみましょう。そして、アイデアはお客様がヒントをくださるものですから、ぜひ、起業前に顧客候補の方たちの話を聞いてみてください。そして、アイデアが浮かんだら、それがどんなに従来の業界の常識から外れていても、実行に移すことが大切なのです。

◆熟年ベンチャー成功の秘訣◆

「熟年ベンチャー」はアイデア勝負。お客様の声を聞き、すばやく実行していこう

高度な技術が必要ない事業を始める

「熟年ベンチャー」では、高度な技術を必要としない事業を選びましょう。たとえば半導体や医薬品の製造など、極めて高い技術力が必要な事業は、いくら世の中のニーズ（＝需要）が大きくても、最終的には資金力のある大企業に圧倒されてしまいます。つねに最先端の技術開発が求められるので、熟年ベンチャーで続けることは難しいでしょう。

その点、私が起業して取り扱っている「水素ガス吸入装置」は、基本的には水を電気分解して、水素を発生させる装置です。これは、それこそ皆さんも中学校の理科の実験でやったくらい、とてもシンプルな仕組みです。もちろん安全性などに配慮するため、さまざまな装置を組み込んだり、より使い勝手を良くしたりするなどの改良は必要ですが、根本的な原理はすでに完成されたものです。だからこそ、激しい技術開発競争が起きることはなく、低コストでビジネスを行えるのです。

ベンチャー企業のビジネスでは、自動車よりもオートバイ、オートバイよりも自転車、自転車よりも子ども用の三輪車というように、よりシンプルかつ高度な技術が不要で、世の中にニーズのある商品（＝サービス）が狙い目です。もともとシンプルな商品であれば、大企業がいくら資本を投下してきても大きな差はつきませんし、そもそも市場が小さいことが多いので、参入してきません。アイデア次第、売り方次第で十分勝負になるのです。

たとえば、子どもの遊び道具などは狙い目かもしれません。ゲーム機は任天堂やソニーなどの大企業が独占していますが、まだゲーム機で遊ぶには早い、幼児の遊び道具などはどうでしょうか？　少子高齢化により子どもは減る一方といわれていますが、裏を返せば大人に対する子どもの数が減り、ひとりの子どもにかけられるお金は増えていく、ということになります。最近なら、新型コロナにより外遊びが減った子ども向けの、室内での遊具開発は有望かもしれません。子どものおもちゃに高度な技術は必要ありませんが、一度ブームになれば、一気に広がります。50〜60代が子どもの頃に遊んでいたおもちゃを現代風に改良することで、大ヒットする可能性もあるでしょう。そこに必要なのは、資金力や人海戦術ではなく、ちょっとしたアイデアと工夫なのです。ぜひ、熟年ベンチャーで始めようとするビジネスを決める際には、「高度な技術が必要であるか、否か」も、判断の基準にしてください。

◆熟年ベンチャー成功の秘訣◆

「高度な技術が必要なビジネス＝資金力の勝負」ということを覚えておこう

コロナ禍の中でも生き残る業界を選ぶ

2020年に発生した新型コロナウイルスの蔓延《まん》により、世界中の企業が大きな影響を受けました。しかし、新型コロナで苦しんでいる業界もありますが、反対に大きく伸びている業界もあります。いずれにせよ、世の中が変わるときは、ベンチャー起業にとって必ずチャンスがあります。

たとえば、新型コロナによって、「BEACH」が大打撃を受けたと世界的にいわれています。

「B」とは「Booking（＝予約）」の頭文字で、「旅行会社・旅行予約サイト」のこと。

「E」とは「Entertainment（＝娯楽産業）」の頭文字で、コンサートやイベント、遊園地などの「エンターテインメント」産業全般のこと。

「A」とは「Airline（＝航空会社）」の頭文字で、国内線・国際線を飛ばしている航空会社のこと。

「C」は「Cruise・Casino（クルーズ船・カジノ）」の頭文字で、日本では馴染《なじ》みがありませんが、世界的には巨大な産業です。

最後の「H」は「Hotel（＝ホテル）」の頭文字で、ホテル・旅館がバタバタと倒産・閉業しているのは、さまざまな報道でよく見聞きすると思います。

ところが、そんな業界を尻目に、絶好調の業界もたくさんあります。たとえば、大手アルコールメーカーのキリンビールは、11年ぶりにアサヒビールを売上高で追い抜きました。これはキリンビールが新型コロナの影響に着目し、「家で生ビールが飲めるビールサーバー」を供給したことが原因だといわれています。つまり、外に飲みに行けない分、「家飲み」を楽しくする仕組みを作ったおかげ、といえるでしょう。

コロナ禍の状況下では、ビールに限らず家の中で消費するもの、または家の中で過ごすのに役立つものを作れば、大いに売れたと思います。今回の新型コロナの影響は、ワクチンが行き渡った時点で、案外あっさり終わるのではないかと私は考えていますが、いつの時代も世の中を大きく揺さぶるような出来事、ビジネスのやり方を根本から変えなければならないような出来事は、定期的に起こります。私自身の経営者人生を振り返ってみても、2度の石油ショックに始まり、バブル崩壊、リーマンショック、東日本大震災、今回の新型コロナと、数えきれないほどの大波がありました。

それらをピンチと捉えるのではなく、チャンスと捉えることは、熟年ベンチャー起業でこそやるべきです。冒頭ではコロナ禍の中でも生き残る業界を選ぶと書きましたが、正確にはコロナ禍の中でも生き残れるようにビジネスをする、ということです。それこそ石油ショックで資材が高騰し、元請けからの支払いが切り詰められたとき、ペンキ屋のままでいたならば、今の私はありません。スタートでどんなビジネスを選ぶかよりも、起きた変化をチャンスと捉え、自分たちのビジネスをどのように変化させるかということこそ、最も大切なのです。

◆熟年ベンチャー成功の秘訣◆

新型コロナのような大事件も、ビジネス上のチャンスに変えることはできる

第4章

「企業理念」で会社は成長する

「企業理念」が明確でない会社は3年で消える

私は、「企業理念」を「会社の背骨」のようなものだと考えています。企業理念がはっきりしていない会社は、背骨がないグニャグニャの生き物のようなもので、それほど遠くない将来に必ず消えてしまうものだからです。

なぜ、企業理念がそれほど大切かというと、会社は企業理念をもとに、いろいろな判断を下していくからです。自分の会社はこういう会社であり、こういう方針を取っていく、ということを経営者が決めていなければ、すべての判断は場当たり的なものになり、社員の仕事も行き当たりばったりになってしまうのです。

たとえば、私が経営する株式会社ヘリックスジャパンの企業理念は、「人々の健康に貢献する」「社会の発展に貢献する」「安心と誠の関わり合いを行動の基本とする」「社員の生活向上を追求する」の4つです。この4つの理念に基づいて、私はさまざまな経営判断を下し、社員も仕事をしています。

当社の企業理念のうち、「安心と誠の関わり合いを行動の基本とする」について、もう少しご説明しましょう。まず、企業理念に「安心」を入れたのは、お客様や仕入れ先が、当社と安心して取引できなければ困るということ、また、社員も安心して働くことができなければ、困ってしまうからです。「あの会社は安心」と思っていただけることは、会社が発展する上で欠かせないものだと思います。

また、企業理念に「誠」を入れたのは、絶対に嘘をつかず、物事に取り組んだらどこまでもやるという決意表明です。それも5年や10年ではなく、30年、50年、100年先まで、どこまでもやりますということです。つまり、当社は絶対に嘘《うそ》をつかず、お客様を大切にすることを方針にしているということです。これが具体的な仕事にどのように反映されるかというと、たとえばお客様に納入した当社の製品に、故障や不具合が発生したというご連絡をいただいたとします。当社ではその場合、部品交換や修理ではなく、すぐに製品そのものを引き取り、交換させていただいています。これは企業理念の「安心と誠の関わり合いを基本とする」に沿った判断によるものです。

それくらい、会社というものは企業理念でわかるものです。企業理念という背骨が曲がっているか、ビシッとしたものか、ぜひ、皆さんも一度、いろいろな会社の企業理念を見てみてください。

２０００年に起きた雪印乳業の食中毒事件や、２００７年に賞味期限切れ材料の使用が発覚した不二家の事件をご存じでしょうか。これらの事件により、雪印はブランド名をメグミルクに変更せざるを得なくなり、不二家は山崎製パンの子会社となっています。まさに一連の不祥事により、お客様から見放され、世の中から弾《はじ》き出されてしまったといって良いでしょう。これらの会社の創業者が、「賞味期限の切れた材料を使え」などといったはずがありません。しかし、企業理念としてはっきりと、「絶対にそんなことをしたらだめだよ」と宣言しておらず、社内にも伝えていなかったのではないでしょうか。つまり、会社として大切にするべきことを企業理念に定め、しっかりと浸透させない会社は、いつ消滅してもおかしくないのです。

「食材の産地偽装」と「料理の使い回し」が発覚し、2008年に廃業した超一流料亭の船場吉兆も同じです。吉兆の創業者は湯木貞一という有名な料理人ですが、彼が「お客さんが箸を付けなかったものは、捨てずに別のお客様に出せ」などと言ったはずがありません。しかし、企業理念として明文化し、「絶対にそんなことをしてはダメだ」と、全社員に叩き込んではいなかったから、「捨てるのはもったいない」という出来心により、事件が起きてしまったのではないかと思います。

このように、「これだけは絶対にこうするぞ!」というものをしっかり決めていないと、会社は消滅するのです。熟年ベンチャーを考えておられる皆様には、ぜひ覚えておいてほしいと思います。

ただ、最初からすべての企業が立派な企業理念を持っているわけではありません。経営者の考え方というのは、経営を続けているうちに深くなっていくものだからです。だいたい最初のうちは、誰でも考えが浅く、とにかく儲けたいと思っているものです。大学を卒業して、いきなり起業した私自身もそうでした。冒頭に掲げたような企業理念を作るようになったのは、最初に起業してから15年も経ってからです。

企業理念をしっかりと確立するのは難しいことですが、会社の憲法みたいなものですから、はっきりさせておかないと、会社はおかしくなってしまうのです。企業理念とは、「迷ったときの判断基準」といえるでしょう。当社であれば、どうするか迷ったときは、「安心と誠の関わり合いを基本とする」という理念に基づいて判断をすれば、大きくは間違えない、会社がなくなるようなひどいことにはならない、ということです。

実をいうと、私も企業理念を社員に浸透させるのは苦労しています。社員手帳を作り、朝礼で毎朝読んだりもしていますが、中身を本当に理解してもらうまでには、なかなか至りません。しかし、それでも企業理念は会社の背骨であり、絶対に浸透させなくてはならないものなのです。

◆熟年ベンチャー成功の秘訣◆

「企業理念」は決して欠かすことのできない会社の「背骨」であり、「憲法」である

「儲けのビジネスサイクル」を作る方法とは？

さて、第3章では「儲けの種」を見つけるというテーマで、起業する上で欠かせない「どんなビジネスをするべきか」、「どんなアイデアが起業に向いているか」というお話をしました。しかし、熟年ベンチャーで成功するには、「儲かるビジネス」や「儲かるアイデア」を見つけるだけでは足りません。商売というものは、「儲けの種」に加えて、「仕組み」と「運営」が大切だからです。

ここでは、私がいう「仕組み」とは何かをご説明しましょう。もし、社長が会社の仕事を全部自分でやらなければならないとしたら、非常に大変です。そこで、すべての仕事を自分でやらなくても済むように任せる体制・手順・ルールを作り、自動的にうまくいくようにするのが、「仕組み」作りです。これは社長にしかできない、非常に重要な仕事です。

この「仕組み作り」という社長の仕事を、「芝居小屋（私が子どもの頃は、よく空き地にテントが張られ、そこでさまざまなお芝居が演じられていたものです）」で説明してみましょう。まず、座長（＝会社でいう社長）は芝居小屋を建てます。そこで芝居をするためには、脚本家・監督・俳優が必要です。さらに、大道具係や小道具係、照明係や音響係も欠かせません。そういう技能を持った人たちを集めてきて、うまくお芝居を上演し、見物に来たお客様から入場料をいただきます。これはまさに、会社の仕組み作りと同じことです。

なかには、自分で「俳優」をやっている社長もいるでしょう。しかし、社長の本当の仕事は、すべて自動的にうまくいくような状態（＝仕組み）を作ることです。この仕組みをしっかり作ることができれば、ビジネスはうまくいきます。しかし、この「仕組み」をきちんと作らずに、ずっと何役もやっている社長が世の中には大勢います。そういうことをしていると、なかなか会社は大きく発展できません。

私がこう考えるようになったのは、最初に起業したペンキ屋のときでした。ペンキ屋の最初の仕事は2カ月かかる内容でしたが、私は最初の1週間だけ現場に入り、その先は工事部長に任せて、東京に帰ったのです。そして、次の仕事を獲得するための営業をしていました。

このとき工事部長に任命した社員は、のちに「社長は現場で仕事をするのが当たり前じゃないか」と怒って、やめてしまいました。しかし、社長の私は受注を取らなければなりませんから、新しい工事部長を雇い、その方針を続けたのです。

さらに父親がクモ膜下出血で倒れ、高知県の実家に看病のため帰ったとき、「自分で営業をしていてはダメだ」と気づきました。すぐに営業の人間を採用し、営業課長に任命して、私は営業もやめたのです。

本当に会社を発展させるためには、社長は「仕組み作り」に専念するべきです。それが本来の経営というものなのですが、ほとんどの社長は「作業」ばかりしています。仕組みを作らずに、目の前の仕事をやっていたら、決して会社は大きくなりません。忙しくなる一方で、結局は社長の手が回らなくなってしまうでしょう。ましてや、社長が倒れれば、同時に会社も倒れてしまいかねません。社長がするべき「仕事」とは、仕事をやってくれる人を探し、仕事ができるように育て、自分の代わりに仕事をやってもらえるようにすることなのです。

世の中の社長には、とにかく忙しく働いていればいい、と思っている人が多いと思います。「忙しいからそれどころじゃないよ」、「自分がやらなきゃどうにもならない」と、一生懸命に日常業務（＝作業）をやっているのです。それでは、いつまで経っても楽になりませんし、会社は発展しません。

たとえば、医師という仕事もそうです。大きく発展している病院もあれば、お医者さんがひとりで診察を一生懸命やっていて、いつまで経っても大きくならない診療所もあります。大きく発展する病院は、お医者さんを雇って診察をやらせ、経営者は次の手を打つことに専念しています。そうすれば、病院はどんどん大きくなり、より大勢の人を救えるようになるのです。資金的に余裕ができれば最新の医療機器を入れられますし、より高度な医療も提供できるでしょう。

会社の「仕組み」を作るというのは、このような意味ですから、たくさんの仕組みが必要になります。お客さんが集まってくれる仕組み、従業員が生き生きと働いてくれる仕組み、原価を圧縮する仕組み、良い新商品を生み出す仕組み、そういう仕組みをいくつも投入しなければなりません。

この仕組みを作る上で気をつけていただきたいのは、まず、社長が自分でその仕事をやってみて、うまいやり方を見つけ、「こういうふうにやるんだよ」と採用した人に伝えてから、任せることです。自分でやり方がわからないのに、「お前やってくれ」と言っても、誰もやりません。そういう無理を社員に押し付けると、入社当初は目をキラキラさせていた社員が、たちまち死んだ魚のような目をするようになります。やり方を教えないと、どうしていいかわからないからです。

会社のトップに売り方がわからないのに、社員に「お前、これを売ってこい」と言っても、売れるわけがないのです。最初は「ほら、こうやって売るんだよ」と教えなければ誰も売れません。もし、教えなくても売れる社員なら、その人はとっくに独立して、社長になっているでしょう。

そんなわけで、ベンチャー企業の社長は、最初は全部の仕事を自分でやる必要があります。そして、「これでいける」と思ったら、仕組み作りのために人を増やしていくのです。

もちろん、何もかも自分でできるわけではなく、解決法が思い浮かばないようなこともあるでしょう。そういうときは、本を買って勉強したり、先生に聞いて教わったりしてください。自分の知恵などたかが知れていますから、教わるほうが早いです。

なお、教えてもらう先生を選ぶときは、こちらから「教えてください」とお願いしなければならないような先生を選びましょう。本当に立派な先生は、「お前に教えてやろう」と、やって来たりはしないものです。「教えますよ〜」と近寄ってくるのは、先生もどきの怪しい人たちなので、お断りすることをおすすめします。

◆熟年ベンチャー成功の秘訣◆
経営者の仕事は日常業務をこなすことではなく、会社の「仕組み」を作ること

事業計画書は会社のコンパス

皆さんが「熟年ベンチャー」に取り組む場合、まずは「事業計画書」を作成することになります。事業計画書とは、社長のアイデアや計画を具体化したものです。創業前に金融機関からお金を借りるために使われたり、出資者への説明などに使われたりします。そこには事業の内容や具体的な行動計画、時系列での売上目標などを盛り込みます。

ただ、私がここでお伝えしたいのは、多くの中小・ベンチャー企業の社長が創業したあと、毎年きちんと事業計画書を作っておらず、そのために失敗しているということです。事業計画書は、創業時だけに必要な書類ではありません。毎年の経営方針を定め、その年に何をやるかという目標を設定する大切な計画書です。事業計画書には目標だけでなく、それを達成する具体的な手段も書かなければなりません。さらに、その年の売上や経費、利益も数値にして計画します。私は必ず毎年、この事業計画書を作成し、社員に公表するようにしています。

これがなければ、社員はその年に何を目指し、どう行動すればいいのかわかりません。それこそ、毎年の事業計画書を作っていない会社は、行き先が決まっていない船のような

ものです。毎年、どこかよくわからないけれど、着いたところが行き先でした……という
ことであり、ただただ漂流しているようなものです。

船というものは、船長が「あそこへ行くんだ！」と指示して初めて、船員がその方向に
向かってオールを漕ぐものです。どこに行くか決まっていなかったら、船員たちもオール
を漕ぎようがありません。

また、事業計画書は、さまざまな予想や仮定に基づいて作られるものです。つまり、計画を立てた時点で予想したことが外れれば、当然、事業計画書とズレが生じます。このズレをつねにチェックし、日々の経営で微調整していかなければなりません。事業計画書はそのとおりになることはほとんどありませんが、計画と実績のズレを発見し、そのズレの原因を考えることで、会社として打つべき手が見えてきます。

たとえば、事業計画書で予想した売上よりも、現実の売上が低かったとしましょう。その傾向が2～3カ月続いていれば、売上をアップする手を打たなければならないことがわかります。また、経費が事業計画書で予想したより多い場合も同じです。どこかで予想外の経費が発生しているということですから、社内の状況を点検してその原因を突き止め、改善する必要があります。

このように事業計画書を作ることによって、計画と実績を比較して会社の問題・課題を

早期に発見し、対応することが可能になるのです。つまり、事業計画書を作らずに経営することは、それこそ視界が利かず、計器類も壊れている飛行機を飛ばすようなものです。自分の位置も地上との距離もわかりませんから、気がついたら墜落（＝倒産）していた……ということになる可能性すらあるでしょう。

ぜひ、皆さんも熟年ベンチャーを起業したら、毎年事業計画書を作り、それを社員に発表するようにしてください。そして、事業計画書を日々の事業の状況と照らし合わせて、問題の把握に使ってください。それはまさに船や飛行機を運行する際、船長や機長がコンパス（＝方位磁石）を確認して進路がずれていないか、チェックするのと同じことなのです。

◆熟年ベンチャー成功の秘訣◆

毎年、事業計画書を作らない会社は、目的地を決めずに航海する船と同じ

世界一簡単なBSとPLの授業

会社の現状を表すのは、財務諸表と呼ばれる書類です。財務諸表のなかでも、特に大切なのがBS（貸借対照表）、PL（損益計算書）、CS（キャッシュフロー計算書）の3つです。このBSとPLの数値は、会社がどんな状態なのかを教えてくれるものなので、これらを理解していないと会社は経営できません。しかし、全然理解しないまま経営している社長も大勢います。財務諸表なんて年に1回しか見ないし、見ても何が書いてあるのかわからない、と言うのです。

BSとPLは社長の成績表であり、経営の結果はすべてそこに出てきます。つまり、BSとPLを見れば、自分がどんなことをやり、どんな結果になったかがわかるのです。また、「他人の金（＝借入）」で商売をやっているのか、「自分の金（＝自己資本）」で商売をやっているのか、会社の体質もわかります。だいたいの会社は、最初は他人の金で商売をやっていますが、本来は時が経つにつれて、自分の金でやるようにならなければいけません。つまり、「自己資本比率」が上がってこなければ、おかしいわけです（ただ、自己資本比率だけ上げてもダメで、将来のための投資もする必要があります）。

BSとPLからは、その会社が筋肉質か、脆弱な体質かもわかります。面白いのは、不動産が好きな社長の会社は、どんどん固定資産が増えていくことです。反対に不動産に関心がない社長の会社は、あまり固定資産が増えません。財務諸表のベースとなる複式簿記は、14世紀頃にイタリアの商人たちが発明し、のちに数学者ルカ・パチョーリが広めたとされていますが、本当によくできていると思います。

というわけで、私は財務諸表を毎月作成し、1カ月に2~3回はじっくりとチェックしています。たとえば、売上を増やすために、何か販促活動をしたとします。その後、財務諸表の売上数値を何カ月分か並べてみれば、販促活動が効いたかどうか、社員の動きが有効だったか、はっきり見えてくるわけです。そもそも財務諸表には、私や社員が1円でもお金を使えば、きちんと反映されます。いわば、私や社員の行動が全部、数字になっているようなものなのです。

ほかにも、借金が増えているのか減っているのか、利益が増えているのか減っているのか、各月の財務諸表を並べてみれば、すぐにわかります。とにかく、各月で財務諸表を作成し、数カ月分の推移をこまめにチェックすることが、とても大切です。

この確認を習慣にしていると、会社にとって生命線ともいえる「現金の過不足」も、予想がつくようになります。資金繰り表を作成して毎月2~3回確認していれば、「今の状況からすると3カ月～半年後に、少しお金を借りておいたほうが良さそうだ」ということがわかるわけです。

銀行というのは、お金を借りる半年前、少なくとも3カ月前までに相談すれば、しっかり対応してくれるものです。ところが、世の中の多くの社長は財務諸表も資金繰り表も見ていないため、直前になって「現金が足りない！」と、あわててお金を借りようとします。そんな切羽詰まった状態で銀行に行っても、絶対にお金は貸してくれません。せっかく起業した会社を潰さないためにも、ぜひ、財務諸表は読めるようになっておきましょう。

私も最初はまったくBSもPLもわかりませんでしたが、日本経営合理化協会のセミナーを受けて、理解できるようになりました。同じようなセミナーや本はたくさんありますから、どれでも好きな方法で勉強してみてください。

◆熟年ベンチャー成功の秘訣◆

財務諸表は毎月作り、その変化を月に2～3回はチェックしよう

どんなに苦しくても社員を切り捨ててはいけない

皆さんは、「トロッコ問題」を知っているでしょうか？　イギリスの哲学者、フィリッパ・フットが1967年に提唱した有名な思考実験です。その内容は、「暴走するトロッコが向かう先には、5人の作業員がいる。しかし、レールを切り替えると、切り替えた線路の先にいる1人の作業員だけが犠牲になる。あなたの目の前には、レールを切り替える装置がある。あなたは5人を救うために1人を犠牲にするか？　それとも、そのまま切り替えずに、5人を犠牲にするか？」というものです。

会社を経営していると、いろいろな場面で、何かを「切り捨てる」必要に迫られます。しかし、決断すべきときに、経営者が躊躇してしまう場合があります。これは多くの選択肢から、不要な選択肢を切り捨てられないときに起こります。「あれも重要、これも重要……。どれに力を入れるべきか……？」と、決めかねている状態です。しかし、現実の時間は有限なので、本当に必要なこと以外は、すみやかに切り捨てる勇気が必要になります。

もし、経営者に切り捨てる勇気がないと、何が起きるのでしょうか？　とりあえず現状を維持するということになり、従来のやり方を踏襲し続けることになります。その結果、いつまでも将来性のない経営に陥ってしまうことになります。世の中の状況はつねに変化していますから、最悪の場合、倒産してしまうこともあるでしょう。

ここでの「切り捨てる」とは、取捨選択や優先順位の決定以外に、過去の成功に固執しない姿勢も含めた広い概念です。つまり、「切り捨てる」ことはあらゆる経営者にとって、非常に大切なことだといえます。

しかし、経営者はいろいろなことを切り捨てなければなりませんが、たったひとつ、切り捨ててはいけないものがあります。それが「社員」です。何年か経営をしていれば、結局のところ事業の肝は、「社員」であることがわかります。戦国武将の武田信玄は「人は城、人は石垣、人は堀」という言葉を残しましたが、人が集まり、働いてくれるからこそ、会社という城が出来上がるのです。

世の中にはパワハラやセクハラが横行していたり、残業代を出さなかったり、休日を取らせなかったりと、社員を大切にしないブラック企業がありますが、このような会社の経営は遠からず破綻します。なぜなら、社員が定着せずにどんどんやめることで、会社の雰囲気は悪くなり、やがて仕事が回らなくなり、最終的にはお客様に見放されてしまうからです。

皆さんがこれから起業する会社で働く社員は、優秀な人ばかりではないかもしれません。

しかし、優れた人だけが優れた結果を生み出すとは限りません。凡人が成功を生み出すキーマンとなることも、あり得るのです。むしろ、経営者のやるべきことは、凡人が成功を生み出せるような仕組み作りです。

最後に、冒頭の問題に戻りましょう。もし、皆さんの会社に5人の優秀な社員と1人の平凡な社員がいるとして、どちらかを解雇しなければならないとき、どうするでしょうか？このトロッコ問題は50年以上議論されていますが、実は最善の解答がすでに出ています。

その答えとは、「5人のために1人を犠牲にするのも、1人のために5人を見殺しにするのも間違いである。線路の切り替え装置を中立（真ん中の状態）にすることで、トロッコは線路から脱輪して止まり、両方とも助けることができる」というものでした。つまり、視野を広くして最後まで諦めなければ、すべての人を助ける最善の道を取ることは可能だったのです。

あなたが「経営者」である限り、会社で起こる問題はすべて経営者の責任です。そして、従業員の解雇は経営者としての敗北です。なぜなら、「経営者の器」よりも大きくなる会社はないからです。

◆熟年ベンチャー成功の秘訣◆

社員を切り捨てる前に、視野を広くして、できることをすべてやろう

「種」と「仕組み」と「運営」のバランスが大切

商売で大切なのは、「儲けの種」と「仕組み」、そして「運営」の3つのバランスです。どんなに素晴らしい「儲けの種」を見つけても、ビジネスとして円滑に回る「仕組み」がなければ、商売はうまくいきません。また、どんなに優れた「仕組み」を作っても、もともとの「儲けの種」がダメ（＝世の中にニーズがない）であれば、どれほど努力してもうまくいかないでしょう。そして、素晴らしい「儲けの種」があり、完璧な「仕組み」を作り上げたとしても、それをうまく「運営」できなければ、やはりビジネスは成功しないのです。

ここでいう「運営」とは、「仕組み」をうまく動かしていくための、さまざまな活動のことです。たとえば、「会社の方向性を決める」「経営状態をチェックして軌道修正する」といったことです。会社の方向性を決めるとは、先に述べた事業計画書を作ることなので、ここでは経営状態のチェックと軌道修正について、説明したいと思います。

社長の仕事は、「自動的にうまくいく仕組み（＝社員に実務を任せる体制）」を作ることだと前に書きましたが、「任せっぱなし」や「放任」はダメです。きちんとチェックしなければ、あっという間におかしくなってしまいます。しかし、そのチェックとは、社員の動きに目を光らせることではありません。財務諸表の数字を確認する、ということです。社員の働きは財務諸表にすべて数字で現れますし、そこで利益が出ていれば良いのですが、出ていなければ何か問題があるとわかるわけです。これらの数値をもとに問題を分析し、改善の手を打ちます。

特に利益に注目するのは、利益は会社が存在するための必要経費だからです。利益が出なければ会社は存続できないので、何がなんでも利益は出さなければなりません。それが出ていないなら、早急に手を打つ必要があるわけです。これが「経営状態をチェックして軌道修正する」という「運営」です。その具体的な内容としては、新たに社員教育を行う、売上を確保する部門の人員を増やす、販売の仕組みを変える、といったことがあります。

運営については、これでもう十分ということはありません。なぜなら、世の中はどんどん変化するからです。たとえば今回の新型コロナによって、世の中の営業手法は大きく変わりました。私の会社でも、直接の対面ではなくインターネットを使ったリモートでの商談に対応するには、まったく新しい仕組みが必要でした。

いずれにせよ、会社の現在は社長が過去に打った施策の結果です。だからこそ、会社の未来は社長が何か手を打たなければ、良くならないわけです。今のままが良ければそのままでいいですが、今より良くしようと思えば、今の仕組みを崩して、新しい仕組みに変えていかなければなりません。これが商売は「種」と「仕組み」、そして「運営」のバランスということなのです。

◆熟年ベンチャー成功の秘訣◆

「儲けの種」と「仕組み」、そして「運営」の三拍子が揃《そろ》わないと会社の成功は難しい

第5章
健康はパソコンのOSと同じ

会社の将来は社長の健康にかかっている

この章では、ある意味では熟年ベンチャーにおいて最も注意すべき、経営者の健康について書いてみたいと思います。50〜60代というシニアが起業するとき、健康であることは非常に重要です。しかし、この年代は何かしら身体の不調が出始める年齢であり、若い頃のように無理は利かないことも、自覚しなければなりません。東洋医学の世界では、「女は7の倍数、男は8の倍数」で、身体が変化するといわれています。具体的にいうと、女性は35歳で皮膚のハリが失われ、42歳で白髪が出始め、49歳で閉経が起きるとされており、男性は48歳でシワや白髪が出始め、56歳で全身の老化が始まり、64歳で歯や髪が抜け始めるとされています。栄養状態などが改善された現在では、やや当てはまらない面もありますが、それでもなんとなく実感される方も多いのではないでしょうか。

さらに、2019年に発表されたアメリカ・スタンフォード大学の研究によると、やはり老化は一定のペースで進行するものではないそうです。この研究は18歳から95歳までの4263名の血液を採取し、そのなかに含まれるタンパク質を分析するというものだったのですが、その結果から34歳と60歳、そして78歳の前後で急激に老化が進むことがわかりました。まさに、熟年ベンチャーを考えていただきたい50〜60代は、身体に大きな変化が起きるタイミングなのです。

起業したばかりの会社というものは、ある程度軌道に乗るまでは、社長自身がすべての仕事をやり、社員がいれば手本を見せ、うまく業務が進行しているか、つねに社長自身の目で確認しなければなりません。つまり、社長が元気に働けることは、会社をやっていく上での基本中の基本といえます。取引先やお客様も、社長の健康に不安があっては、安心して取引できません。実際、人々の健康のお役に立つための製品を扱っている私の場合、社長の私が年齢以上にハツラツとして健康でなければ、「看板に偽りあり」ということになってしまいます。「健康になるための製品を売っている本人が不健康じゃないか」などと言われたら、それこそお話になりません。

そもそも本書でご提案している「熟年ベンチャー」は、定年後の幸せな人生のためのものですから、起業したことで健康を害しては本末転倒です。そんなわけで、この章では、いかにして熟年ベンチャーの社長が若々しさと健康を保つか、その点に焦点を絞って、さまざまな方法をお伝えしていきたいと思います。

◆熟年ベンチャー成功の秘訣◆
熟年ベンチャーの社長には「若々しさ」と「健康」が必要不可欠

コレをやるだけで30年長生きできる

すべての人に当てはまる「健康で長生きするコツ」はありませんが、私の経験から「会社の社長」であれば、ひとつだけあると思います。それは、「仕事を人に任せる」ということです。私の60年を超える経営者人生を振り返ってみると、身体を壊したり、若くして亡くなったりする社長の特徴は、「自分で何でもやりすぎる」ことでした。仕事を社員に任せず、自分が先頭に立って、何でもやってしまうのです。若いうちはそれで通用するのですが、50〜60代になると身体を壊したり、仕事中に帰らぬ人になってしまったりした人を何人も知っています。

私は幸いなことに（?）、身体が強くありませんでした。大学を卒業後、すぐに創業してから2〜3年で肺結核になってしまったのです。仕事は休めないので放っておいたら、背中が痛くて息もできないほどに悪化してしまいました。ようやく病院に行ってレントゲンを撮ると、肺に大きな空洞があり、それが医者も驚くほどの大きさだったので、すぐに治療に取り掛かりました。

第2次世界大戦以前、肺結核は不治の病とされていましたが、戦後はストレプトマイシン(＝ストマイ)、パス、ヒドラジッドという、3種の神器と呼ばれる特効薬がありました(余談ですが、戦前は肺結核にかかった患者が避暑地で静養する「サナトリウム小説」が流行り、戦後は肺結核を治すために「ストマイ」を求めて闇市をうろつく「闇市小説」が流行りました)。しかし、私はストマイとパスが体質に合わず、飲むと身体の調子がおかしくなったので、ヒドラジッドだけで治療を続けました。

特効薬のうち使えるものが1種類だったことと、治療し始めた頃は若気の至りで、「病人らしいことはしないぞ」「今までの生活は変えないぞ。酒も飲むぞ」という調子だったので、完治するまでに14～15年もかかってしまいました。しかし、完治してからは、自分の健康管理に細心の注意を払うようになりました。

このとき、同時に自分の仕事をどんどん社員に任せるようにしたのです。人に仕事を任せると、社長の健康状態が良くなるだけでなく、社員がグングン成長するというメリットもありました。つくづく、なんでも自分でやっていてはダメなのだな……と実感したものです。

「経営の神様」と呼ばれ、今も著書の『道をひらく』(ＰＨＰ研究所)などが多くの社長の愛読書となっている松下幸之助氏も、生前は病弱なことで有名でした。20歳で肺結核にかかったものの、お金がなかったので病院に行くことができず、40歳過ぎまでは寝たり、起きたりの生活だったそうです。しかし、彼は自らの著書で「病弱だったことが私の成功の最大の要因」「もし健康だったら、仕事を全部自分でやろうとして、そこその成功で終わっていただろう」と語っています。そして、94歳まで元気に長生きをされました。

まさに、松下幸之助氏の例を見ても、「人に仕事を任せる」ことは社長の健康と長寿の秘訣ではないでしょうか。熟年ベンチャーは、社長がひとりで必死に働くことではありません。社員という「一緒に働いてくださる大変ありがたい存在」とともに、それぞれの幸せな人生を追求するものなのです。ぜひ、皆さんも「人に任せる経営」で、健康と長寿を手に入れてください。

◆熟年ベンチャー成功の秘訣◆

社長が健康で長生きするコツは、「人に仕事を任せること」に尽きる

たくさん笑って免疫細胞を活性化

厚生労働省の調査によると、40〜89歳の日本人の死因の第1位は「ガン」とされています（ちなみに、90〜99歳の死因の第1位は「心疾患」、１００歳以上の死因は「老衰」になります）。このように、熟年ベンチャーに取り組もうというシニアの皆さんは、とにかくガンに気をつけなければなりません。

このガン対策として、最近注目されているのが、多くの免疫細胞です。免疫細胞は、人間の体内を循環し、ガン細胞やウイルス感染細胞などを発見すると、すぐさま攻撃を仕掛けます。いわば、生まれつきの殺し屋（ナチュラルキラー）です。

また、１９９1年に行われた古い実験ではありますが、ガン患者さんをお笑いで有名な吉本興業の劇場「なんばグランド花月」へ連れて行き、大笑いする前後の血液を採取してＮＫ細胞の活性状態を測定した結果、大笑いしたあとはＮＫ細胞が大きく活性化していた……という事例があります。

昔から笑う門には福来たるといわれてきましたが、まさに笑うことは非常に健康に良いといえるでしょう。

周囲の人によると、私はだいたいニコニコ笑っているように見えるそうですが、特に意識して笑っているわけではありません。単純に、しかめっ面をしているよりも、笑ったほうがいいと思っているだけです。また、生まれつき物事をあまり深刻に考えすぎない、鈍感な性格のおかげもあるかもしれません。

ただ、そんな私もかつてはストレスを溜《た》め、イライラすることがありました。そんなときに効果的だったのが、「水をかぶること」です。私は40代の後半から70歳まで、毎朝風呂場で冷水を40杯、頭からかぶっていました。寒い真冬も1日も欠かさず、毎日続けていましたが、その強烈な爽快感はどんなストレスも頭から吹き飛ぶほどのものでした。

この習慣を教えてくださったのは、神道家にして私の経営の師匠でもある、栗山奉行先生でした。先生にお会いしたのは、日本経営合理化協会に関連した勉強会でしたが、この勉強会に参加する条件が、朝、水をかぶることだったのです。というのも、栗山先生は一種の超能力のようなものをお持ちで、私たちは水をかぶってケガレた心身を浄《きよ》めなければ、会ってはいただけないということだったからでした。

その後、栗山先生には私が当時経営していた会社の顧問になっていただき、水をかぶる方法も正式に教えていただきました。毎朝、ヒゲを剃り、お風呂に入ったあとにやっていましたが、いつも本当にスッキリして一日を始めることができました。

ここで紹介した「水をかぶる」という方法は、少し荒っぽいですが、その人それぞれの方法でストレスを解消すれば、あとは自然に笑いが生まれてくるでしょう。それによりNK細胞が活性化し、免疫力を高めることができれば、病気もガンも怖くありません。ぜひ、熟年ベンチャーを考える皆さんも、ストレスを溜めず、たくさん笑うことで健康な日々を過ごしてください。

◆熟年ベンチャー成功の秘訣◆
ストレスを吹き飛ばす習慣と、定期的に大笑いするような習慣を身に付けよう

ストレスが溜まらない人間関係の極意

多くの人にとって、最もストレスの原因になっているのは、やはり「人間関係」ではないでしょうか？　会社員であれば上司や同僚、部下との関係。取引先やお客様との関係も、うまくいかなければ大変なストレスになります。これは熟年ベンチャーで起業しても同じことで、上司や同僚こそいませんが、社員や取引先、お客様との関係はさらにシビアなものになりますから、ストレスも相当なものになります。

さらに、プライベートの人間関係もさまざまなストレスになります。夫婦関係や親子関係、実家や義実家の両親、兄弟姉妹に親戚づきあい。もちろん隣近所や友人・知人との関係も、うまくいかなければつらいものです。そういうストレスから体調を崩したり、お酒を飲みすぎて健康を害したりする例は少なくありません。

そこで皆さんに、ストレスが溜まらない人間関係の極意を2つ、お伝えしたいと思います。まずひとつ目は、「自分が正しいと思わない」ことです。どういうことかというと、誰に対しても「自分が正しい」と意地を張るのではなく、「もしかしたら自分のほうが間違っているのかもしれない」という姿勢を取ることです。部下と議論になったら、社長の自分が一方的に正しいと考えるのではなく、部下のいうことにも一理あるのではないかと考える。お客様から苦情をいわれたら、素直に「自分に至らない点があったのではないか」と考えるのです。

この「自分が正しいと思わない」という心構えは、前にご紹介した栗山奉行先生に教えていただきました。先生の言葉をそのまま引用すると、「己を正しいとして、他をあれこれと批判し裁《さば》く、思い上がった心は地獄の心」となります。栗山先生は心の健康や魂の健康、人間はいかに生きるべきか、ということを説いた先生でした。その先生が私にたびたび教えてくださったのが、「自分が正しいと思っちゃだめだよ」ということです。世の中には「自分が正しいと信じなさい」という人ばかりで、こんなことをいう人はなかなかいません。

しかし、考えてみれば世の中の争いはすべて、「自分が正しい」から始まるものです。たとえば社員に対して、いつも上から目線で、「俺が正しいんだ」という社長はどうなるでしょうか？　お客様からの苦情に対して、「クレームばかりいいやがって、とんでもないやつだ、あのお客は」などと怒っていたら、どうなるでしょうか？　これらはすべて、「自分が正しい」から始まるものです。だから先生は、「自分が正しいと思う心は地獄の心」とおっしゃって、戒《いまし》められたのでしょう。

さて、ストレスが溜まらない人間関係の極意の2つ目ですが、それは「相手を拝《おが》むこと」

です。たいていの人は、拝まれたら参ってしまいます。たとえば狭い道で、車が行き合ってしまった場面を想像してみてください。どちらかがバックして、相手を通さなければならないわけですが、そのときにこちらが「お願いします！」と相手に両手を合わせて拝んだら、相手は「仕方ねえなあ……」とあっさりバックしてくれるものです。皆さんも、このような場面で相手に拝まれたら、バックするのではないでしょうか。だから、相手を拝むというのは非常に良い手なのです。要は「相手を尊敬しろ」ということであり、そうすれば世の中はうまくいくようにできているのです。これも栗山先生から教えていただいたことでした。

ここで、お客様とのおつきあいについて、私の考えをお伝えしておきましょう。商売ではなんといっても、まず「お客様の立場」を第一に考えなければいけません。自分の利益を優先にしてはダメです。「あいつとつきあってもプラスにならない」と思われたら、おつきあいはしていただけません。「あいつとつきあうとプラスになる」と思っていただけて、初めておつきあいをしていただけるのです。

これは世間でいう「顧客第一主義」というもので、ごく当たり前のことではありますが、やはりお客様の「利益」を最優先にしないと会社は成り立ちません。この「利益」とは「お金の問題」ではなく、相手の「心地良さ」です。あの会社とつきあうと気分がいい、と思っていただければ、つきあっていただけるのです。これは取引先、仕入れ先でも同じことです。

そのためには、相手の期待度を超える必要があります。つまり、相手が感動してくれるようなことをやるしかありません。そのために私の会社がしているのが、たとえば「お客様に納品した製品が故障したら、修理ではなく交換する」「定期メンテナンス中も代わりの製品を提供して、使い続けられるようにする」といったことになります。そういうやり方をしていた結果、ごく最近もある大学の先生が当社の水素ガス吸入器をガン患者さんに使ってくださっていたのですが、結果が良かったことから、「これからさらに研究します」「御社の対応には感動しました」と、値段も聞かずに追加で導入してくださいました。

相手が感動するほどの仕事をするという例でいうと、かつてペンキ屋をしていた頃、床の塗装をさせていただいたお客様が家を改築する際、「この床は綺麗すぎて壊せない」と、私の会社が塗装した床を残してくださったことがありました。それくらいの仕事をすると、お客様は末長くおつきあいしてくれるのです。

仕入れ先に対しても、こちらが「買ってやっている」などと思うのは、とんでもないことです。こちらは品物を仕入れさせてもらっているわけですから、むしろ感謝しなければなりません。これは社長だけでなく、社員もついつい勘違いしてしまいがちですから、そんな態度を仕入れ先にとっている社員がいないか、十分注意しましょう。

ここまでの話をまとめると、ストレスを溜めない人間関係の極意は、「自分が正しいと思わないこと」と「相手を尊敬し、感謝すること」です。それだけで驚くほど人生も仕事もスムーズになりますから、ぜひ取り組んでみてください。

◆熟年ベンチャー成功の秘訣◆

人間関係の極意は、「自分が正しいと思わない」「相手を拝み、感謝する」の2つ

自分の身体の「主治医」は自分である

長年、ビジネスの現場や会合、勉強会にゴルフなどで、さまざまな社長を知っていますが、身体に自信がある人ほど、身体を壊している印象があります。おそらく、自分の体力を過信して、無理をしてしまうのだと思います。ですから、社長になる人は自分の身体のことをよく理解し、注意を払わなければなりません。創業したばかりの熟年ベンチャーの行末は、ひとえに社長の健康状態にかかっているからです。

私は20代で肺結核になったおかげで、普段から自分の体調に気をつけるようになりました。ちょっと疲れたな……というときは、仕事を休みはしませんでしたが、適度に休憩を挟んだり、病院に行ったり、薬に頼ったりするようにしていたのです。いわば、自分が自分の主治医となり、早めに身体の不調に対処していました。

ここでいう「薬」ですが、主に使っていたのは漢方薬です。ごく普通のドラッグストアでも、津村順天堂（現在は株式会社ツムラ）の棚を見れば、たくさんの漢方薬が売られています。ただ、私が若かった頃の漢方薬は、原料（いわゆる「生薬」）を買ってきて、自分で煎じなければなりませんでした。これは今のように粉になった漢方薬を飲むのではなく、ヤカンでお湯を沸かして原料を煮出し、そのエキスを飲むというもので、なかなか手間がかかります。しかし、社長として身体の健康を保つためには必要なことだと思い、ずっと続けてきました。

そのおかげで、起業してから60年間、たいした怪我や病気をすることなく、健康に過ごすことができました。

ここで問題なのは、社長というのは仕事が忙しくなったり、業績が思わしくなかったりすると、自分の体調のことなど二の次、三の次になってしまうことです。

社長というのは、いつも自分よりも会社のことを先に考えています。物事の優先順位はつねに会社や社員、お客様のことで、ついつい自分のことをおろそかにしてしまうのです。しかし、その結果、体調を崩したり万一のことになってしまったりしたら、それこそ取り返しがつきませんし、休むよりもはるかに大きな損害を周りに与えてしまいます。

「自分がいなければ会社が回らない」「今休んだら、大変なことになる」と思う気持ちはわかりますが、それでも自分の健康を第一に考えてください。案外、仕事を任せることで、社員が大きく成長してくれる可能性もあるかもしれないのです。

熟年ベンチャーに挑戦する皆さんは、まず、無理の利かない年代だということを自覚してください。そして、つねに自分の体調に気を配り、自分が自分の主治医のつもりで、冷静に健康管理をするようにしましょう。

◆熟年ベンチャー成功の秘訣◆
社長は仕事にのめり込みがちだが、主治医のつもりで自分の健康を管理しよう

ガンにならない3つの食事法

日本人の死因の第1位を占めるガンについては、ナチュラルキラー細胞の項目でも書きましたが、日常の食生活も大きな影響があります。国立がんセンターが提供している「がん情報サービス」というサイトによると、食生活関係で確実にガンのリスクを上げるものには、次のようなものがあります。

・喫煙
・飲酒
・牛、豚、羊などの赤肉や加工肉

「タバコ」が肺ガンをはじめとする、さまざまなガンの原因であることは、もう科学的に明らかですから、ガンになりたくなければ禁煙するしかありません。また、タバコの煙（副流煙）を吸った人も、ガンのリスクが上がってしまいますから、周囲の人にも迷惑をかけてしまうことになります。だから私は20代で一度禁煙し、また吸い始めましたが、最終的に30代の後半で完全に禁煙しました。

次に、飲酒もノドや食道、大腸、肝臓などのガンのリスクを上げます。免疫機能も下がるそうですから、かなりのリスク要因といっていいでしょう。さらに、喫煙者が飲酒をすると、ガンのリスクはさらに上がるそうです。

とはいえ、お酒はおいしいので、なかなかやめられないものです。私も完全に禁酒したのはごく最近で、86歳でようやくお酒をやめました。やめて驚いたのは、とても体調が良くなったことで、やはりお酒は身体には害だったのだな……と、実感しました。しかし、あれほどおいしいものはなかなかありませんから、やめるのも一番難しいでしょう。

そして、牛肉・豚肉、羊肉やハム・ソーセージなども、確実にガンのリスクを高めることがわかっています。特に大腸ガンのリスクが高くなるらしいのですが、これについて私は、30代から70代まで、家では玄米菜食を続けてきました（ただ、最近は肉も食べています）。

この話をすると、多くの人は「玄米はまずい」「食べたくない」と言いますが、実際には玄米はおいしいもので、普通の米よりもずっとうまいと私は思っています。みんな玄米を炊くのがヘタで、うまく炊けないからまずいと感じているのでしょう。私の亡くなった妻は玄米を炊くのがうまく、そのおかげもあって玄米菜食を続けられたのかもしれません。

というわけで、ガンにならない３つの食事法とは、「タバコを吸わない」「お酒を飲まない」「玄米菜食をする」ということになります。タバコはやめるとしても、「お酒を飲まない」というのが難しければ、飲む回数や飲む量を減らすところから始めましょう。また、玄米菜食にしても、家でご飯を食べるときだけのことで、外食までそれを貫く必要はないと思います。私もそれくらいのやり方で、86歳の今も元気に日本各地を飛び回ることができています(北海道や沖縄出張でも日帰りしています)。

なお、熟年ベンチャーを考える皆さんに気をつけていただきたいのは、ストレスによる飲酒と肉類のドカ食いです。飲酒と肉類はガンのリスクを高めますが、「肥満」も確実にガンのリスクを高めると、先ほどの国立がんセンターの「がん情報サービス」に明記されています。ぜひ食生活に気をつけて、イキイキと働き続けましょう。

◆熟年ベンチャー成功の秘訣◆

タバコはやめて、お酒はホドホドに。「玄米菜食」にも、ぜひチャレンジを!

100歳まで現役でいるための健康術

この章の最後に、100歳まで現役でいるためには、どうすれば良いかをまとめておきましょう。人生100年時代という言葉をよく聞きますが、60歳から65歳の定年後に100歳まで生きるとしたら、これまでの人生計画では間に合いません。その経済的な面での解決方法が「熟年ベンチャー」ですが、同時に人生を最後まで健康に生きる方法を考える必要があります。

厚生労働省が2020年7月に発表した日本人の平均寿命（2019年）は、男性が81・41歳、女性が87・45歳です。一方、介護を受けたり、寝たきりになったりせずに生活できる「健康寿命」（2016年）は、男性72・14歳、女性74・79歳でした。このように、健康寿命と平均寿命には、だいたい9〜13年の差があります。これほどの期間、不自由な身体で生きるのは、本人も周りの人も大変です。これからは、ますます定年後の健康と収入が大切になってくるでしょう。

さて、私が考える100歳まで現役でいるための健康術は、2つあります。ひとつ目が「健康でいよう」と決めること。もうひとつが、「仕事を続ける」ことです。

人間の人生は、決めたことしか実現しません。ですから、何よりもまず「自分は健康でいよう」と決めることが大切なのです。そこから、「では、健康であるためにはどうすれば良いか」を考えれば良いのです。最初に「健康でいよう」と決めることで、頭の中にアンテナが立ち、やるべきことや必要なことは、どんどん集まってきます。あとは、それを実践していけば良いだけなのです。

また、「仕事を続ける」ことは健康に大変良いため、働く場所がなくなりがちなシニア層のために、私は熟年ベンチャーをおすすめしています。実際、社長という仕事は大変健康に良いものです。資金繰りに苦労すると大変ですが、仕事であちこち動き回ることになるため、それが自然と運動になります。

考えてみてください。仕事をせずに朝からテレビの前に座っている、図書館で一日ずっと新聞を読んでいる、もう何日も誰とも会話していない……そういう生活は一番健康をダメにしてしまうのではないでしょうか？　ぜひ50～60代のシニア層は起業して、健康寿命を大いに延ばしてほしいと思います。

また、起業するということは、ひとつ目の健康術の「健康でいよう、元気であろう」という決意の目的になります。会社は社長が健康でなければ始まりませんから、勝手にエネルギーが出てくるようになります。

一方、定年退職して何もすることがなかったら、自分はもう、どうなってもいいと思ってしまうのではないでしょうか。そうなれば、身体を元気にしようというエネルギーは、まったく湧かなくなってしまいます。世間の元気な人たちを妬《ねた》んだり恨んだりしながら、家でグチをこぼす日々は不健康極まるものです。寝たきり生活に一直線、といっても過言ではないでしょう。

実際、起業すると、そんなネガティブなことは考えている暇がありません。私は夜、寝ているときも「あの問題をどうしよう？　そうだ、こうしよう！」などと、よく考えています。もちろん、「どうしてこの製品は売れないんだろう……」と苦しむ夜もありました(笑)。それでも、そんな困難をなんとか乗り越えるために、いろいろと工夫するのは、生きている実感があります。ぜひ、皆さんも熟年ベンチャーを起業し、実りある人生の後半戦を送ってください。

◆熟年ベンチャー成功の秘訣◆

「生涯現役」には、「健康であることを決意する」「仕事を続ける」の両輪が必要

第6章 人生のタイムリミット

数年で前の会社の看板は使えなくなる

この章では、熟年ベンチャーのさまざまな「落とし穴」について、語っていきたいと思います。50～60代で起業する人の多くは、それまで自分が働いていた業界や職種で独立しようとします。なんといっても長年の経験が生かせますし、人脈も豊富だからです。出身企業が業界の大手ならば、その評判も利用できるでしょう。

しかし、独立してから数年も経てば、かつての経験や人脈、有名な企業出身という看板は使えなくなっていきます。世の中の技術はどんどん進歩しますから、かつての経験はアップデートしなければ、どんどん古びてしまいます。かつて築いた人脈も、皆いずれは第一線を退いていき、力を発揮しなくなるでしょう。そして、「○○という有名企業で働いていた」という評判も、時間が経つに連れて通用しなくなります。1～2年前に退職したばかりならともかく、退職から5年も経てば、もう無関係といっていいからです。

ですから、熟年ベンチャーで起業したならば、皆さんはつねに新たな知識を貪欲に求めていかなければなりません。新しい時代の流れをとらえていかなければ、どんどん取り残されてしまいます。また、起業後は新たに人脈を育てていきましょう。過去の会社で育てた人脈は、あくまで「○○会社の社員」である皆さんとのおつきあいであり、独立後まで応援してくれるわけではないからです。また、独立したからには、早いうちに「○○出身の□□さん」ではなく、「(起業した会社名)の□□さん」と認識されなければ、いつまでも会社は軌道に乗りません。

そのためには、最初から出身会社という看板は使わず、それまで勤めていた会社のお客様には手を出さないという覚悟が必要です。私はペンキ屋として独立する前は、ある塗装会社の職人でしたから、そこでいろいろな知り合いもできました。しかし、独立したときはそういう人たちのところへは一切、行かなかったのです。そういうところへ行って、前の会社のお客様を取るのは男らしくないと思ったからでした。

そういうことはフェアではありませんし、あとあと前の会社の関係者とつきあえなくなります。もちろん、双方が了解の上であればいいかもしれませんが、その会社で皆さんが一生懸命に作った人脈であっても、それは給料をもらってやっていたことですから、やはり仁義に反するのではないでしょうか。

しかし、そうはいっても、世の中では前に勤めていた会社のお客様をごっそり引き抜いて独立する人があとを絶ちません。ただ、私からすると、そんなことをしたらのちのちまで心が痛むのではないか、内心にうしろめたさを抱えたままでは、結局独立しても長くは仕事を続けられないのではないか、と心配になります。

その点、前の会社のお客様に手を出したりしなければ、のびのびと自分なりのビジネスを行うことができます。前の会社との関係も良いままになるため、同業であれば仕事をもらえたり、応援してもらえたりもするでしょう。私が最初に創業したペンキ屋では、そのような形でずいぶんと助けてもらいました。本当にありがたかったですし、前の会社のお客様を奪うようなことをしなくて良かったな……と、つくづく思ったものです。

ですから、熟年ベンチャーで起業を考えている皆様も、最初から前の会社の看板やお客様は当てにしないほうが良いのではないでしょうか。そうすれば、「過去の会社の看板が通用しなくなってきた……!」とショックを受けることもなくなります。

◆熟年ベンチャー成功の秘訣◆
勤めていた会社の看板は、最初から当てにしないつもりで起業しよう

下手なプライドは百害あって一利なし

2020年から2021年にかけては、新型コロナの影響を受けて、さまざまな企業が大変な状況になっています。その結果、コロナ禍が起きるまでは調子が良かったベンチャー企業が廃業し、大量の高価なオフィスチェア（15万〜20万円するものもあるそうです！）が、中古オフィス家具店やフリーマーケットサイトに出品されているというニュースを見かけました。しかし、そのような高価なオフィスチェアは、経営者の見栄やプライドから買われたものであり、会社の身の丈に合わない、無駄な投資の象徴だったのではないでしょうか。

熟年ベンチャーで起業したら、「下手なプライドは百害あって一利なし」と肝に銘じてください。それまでどんな大企業に勤めていたとしても、独立したあとは何の関係もありません。プライドばかりが高く、単価の安い仕事や、難しいお客様への対応を避けていたら、あっという間に会社は潰れてしまいます。

前にも書きましたが、1973年の第1次石油ショックで世の中が大変な不況に見舞われた当時、私が経営していたペンキ屋は倒産の危機に瀕していました。あのときの私は、知人に「いったい、なんで大通りをウロウロしていたんだ」と笑われながらも、甲州街道や靖国通りを歩き回り、「マンションの大規模修繕」という新たなビジネスを見つけることができました。もし、プライドが邪魔をして、「社長の俺が、そんな恥ずかしいことできるか！」などと考えていたら、あのまま会社は倒産していたかもしれません。

結局、いくら「俺は偉いんだ！」といったところで、ビジネスにはなんの役にも立ちません。また、他人は自分が思っているほど自分のことを考えてはいませんから、そもそも恥ずかしいも何もないのです。だから、起業したあとに他人の目など気にする必要はありません。

痩せた・太った・髪が薄くなった・ハゲたなどの外見上のことで、コンプレックスを感じている人も多いかもしれません。しかし、それもほかの人にとっては他人事であり、自分で気に病むほど関心は持たれていないのです。だいたい、そんな外見上の変化は年を取れば、誰もが通る道なのです。

ほかにも、私の知り合いで、「社長をやっていたのに、専務に降ろされた……」と落ち込んでいる人がいましたが、気にしているのは本人だけで、周りの人は「あ、そう」の一言で終わりです。世の中はそんなものですから、余計なプライドに縛られる必要はまったくないと思います。

熟年ベンチャーで起業し、独立して社長になったなら、会社の将来と社員の未来は、すべて皆さんの双肩にかかります。その責任の重さを考えれば、プライドなどに囚《とら》われている余裕はないはずです。ぜひ、皆さんも余計なプライドは捨ててしまい、考えつく限りのことを、力の限りやってみましょう。その過程がいつか、本物の誇り（＝プライド）になるのです。

◆熟年ベンチャー成功の秘訣◆

創業したてのベンチャー社長に、余計な見栄やプライドは不要！

「鈍行列車」に乗ってはいけない

熟年ベンチャーは50~60代の方を想定していますから、つねに体力と時間に限りがあることを念頭におかなければなりません。20代の起業であれば、裸一貫の起業という可能性もありますが、シニア層の起業では最初にある程度の事業資金を用意して、ある程度の規模でスタートしなければ、事業がうまく回り始めるまでに時間がかかりすぎます。これが、冒頭の「鈍行列車」に乗ってはいけない、ということです。ある程度の事業資金を用意することで「特急」や「新幹線」に乗りましょう、ということをお伝えしたいのです。

たとえば、鈍行列車で「東京」から「大阪」へ行った場合を考えてみましょう。在来線を乗り継いでいくと、だいたい片道9~10時間かかります。一方、新幹線「のぞみ」を使えば、片道は最短2時間30分です。つまり、一往復するのに5時間ですから、在来線で東京から大阪まで行くのと同じ時間で、「のぞみ」ならば2往復できるということになります。

もし、この所要時間が「人生で費やされる時間」や「会社が軌道に乗るまでの時間」だとしたら、皆さんはどう思われるでしょうか？ 在来線の硬い座席でお尻を痛めながら、長時間耐え続けるほうを選ぶでしょうか。それとも「新幹線」を使って、一気に目的地を目指すでしょうか。

　私は80歳で起業したとき、最初に起業した会社や顧問を務めていた会社、金融機関などから合計1億2千万円を借りました。このお金のおかげで、事業を拡大するスピードを大幅に早めることができたのです。

　このときの資金の多くは、水素ガス吸入器の仕入れと販売活動に使いました。先方は初めての取引相手ですから、当然警戒しています。ですから、相手の出してきた条件をすべて飲み、こちらからは何もいわずに、「はい、わかりました」と、最初の契約金をパッと支払ったのです。

　先方にしてみれば、散々やり合って値切られた上に、イヤイヤお金を払ってくる相手と、何も文句をいわずにいきなり「はい、わかりました」とお金を払う相手では、どちらが気分が良いでしょうか。当然、後者のほうに好意的になりますし、相手を見る目も変わってくるのです。

　大企業同士では、こういうことはなかなか通用しません。「交渉もしないで、そんな高い金額で受けてきたのか」と怒られてしまうでしょう。しかし、中小企業同士やベンチャー企業同士であれば、逆に「人間関係」が生まれるのです。気持ちよくお金を払われたほうは、「そうか、高いと思っていたのに飲んでくれたか……」と、少し申し訳ない気持ちとともに、今後はできるだけなんとかしてあげよう、と思うわけです。

このようにまとまったお金を使うことで、事業のスピードは一気に上がります。実際、私の会社はこのときの先行投資のおかげで仕入れ先との関係が良くなり、現在のこちらの依頼にも優先的に対応してもらえ、事業がどんどん拡大できるようになりました。

熟年ベンチャーはある意味、時間との戦いです。若い頃のように、お金の代わりに自分の時間を使うというやり方をとるべきではありません。残された時間は神のみぞ知るものではありますが、いつ終わりが来るかはわからず、その時間は若いときよりも絶対に短くなっています。だからこそ、効率を重視するべきなのです。

若い頃は社会的な信用がありませんから、自分の時間を犠牲にするしかなかったかもしれませんが、おそらく今の皆さんはそうではないはずです。これまでの経験と信用の蓄積を活用し、ぜひ、「鈍行」ではなく「特急」で、起業を進めてください。

◆熟年ベンチャー成功の秘訣◆
50~60代のシニア層が起業するなら、「鈍行」に乗っている時間的余裕はない！

「持病・未病・臆病」の3つの「病」に気をつける

熟年ベンチャーを考える50〜60代で、まず気をつけたいのが「持病」です。皆さんにも、「ぎっくり腰を起こしやすい……」「心臓が弱い……」「糖尿の気が……」など、いろいろと思い当たる節があるのではないでしょうか。

やや古いデータですが、厚生労働省が2008年に発表したデータをもとに日経新聞が作成した、「日本で患者が多い病気ランキング」というものがあります。それによると、第1位は「高血圧」で、患者数はおよそ796万人。第2位は「虫歯・歯周病」で、患者数はおよそ600万人。第3位は「糖尿病」で、患者数はおよそ237万人となっています。まさに、これらは「よくある持病ランキング」といっても良いでしょう。

私も50代後半くらいから、血圧が高いと診断され、用心のため血圧の薬を飲んでいます。もし、皆さんが熟年ベンチャーによる起業を考えているなら、自分の持病についてしっかりと病院で検査し、適切な治療や薬の投与を受けるべきでしょう。さもないと、肝心なときに持病が悪化して入院したり、事業をリタイヤしなければならなくなるかもしれません。

続いて、「未病」とはあまり聴き慣れない言葉かもしれませんが、最近は神奈川県の黒岩祐治知事が「未病対策」を看板政策に掲げ、広めようと努力されています。この言葉の発祥は中国医学で、「病気」というほどではないが、放っておくと病気につながってしまう「身体の不調状態」を指します。「未病」の状態でしっかりと対策をしておけば、多くの人が病気にならずに健康になれるというのが中国医学の考え方であり、いわば積極的に病気の予防に取り組むことだ、といえるでしょう。私もぜひ、この考え方が世の中に浸透してほしいと思っています。

また、私は自分の病気に対して先手を打つために、遺伝子検査も受けています。その結果によると、私は食道ガンになる遺伝子があるため、定期的に食道ガンの検診を受けています。これにより、もし食道ガンになったとしても、早期に発見できる可能性が高まるでしょう。また、アルツハイマー（認知症）の遺伝子がなかったのはありがたいことですが、脳血管の損傷による認知症は、誰でも起きる可能性がありますから、それも注意しなければなりません。

最後に、これは病気ではありませんが、ベンチャー企業の社長が気をつけたいのが「臆病」です。何かを心配する気持ち、不安な気持ちは誰にでもあるものですが、社長は現状を打破するために、決断しなければならないときがあります。そのようなときに臆病になりすぎて、決断を先延ばしにすると、その間に会社はどんどん衰退してしまいます。私も臆病な気持ちになることはしょっちゅうありますが、それでも決断するべきときは勇気を出して、決断しています。

どうしても臆病になることが止められない場合は、思い切って、その決断を下した場合の最悪を想定してみましょう。もし、その決断によって会社が倒産するほど悪いことが起きる可能性がないとわかれば、少しは安心して決断することができるのではないでしょうか。

50～60代の熟年ベンチャーを考える皆さんは、人生100年時代のこれから、まだ人生が半分近く残っています。しっかりご飯を食べ、病気にならないようにして、寝たきりにならずに人生を全《まっと》うしなければなりません。そのためにも、ぜひ「持病・未病・臆病」の3つの「病」に気をつけてください。

◆熟年ベンチャー成功の秘訣◆
「持病・未病・臆病」の3つの「病」に効くのは、「予防」と「予測」

社会に必要なビジネスか、もう一度考える

世の中にあるビジネスは、すべて何らかの課題を解決するものです。なぜなら、会社が存在できるのは、何かしらの役に立つことでお金を払ってくれる人がいるからであり、つまり、世の中に存在している以上、必ず課題を解決し、誰かの役に立っているということになります（もちろん、「オレオレ詐欺ビジネス」などは課題を解決するどころか、課題を作り出しているビジネスですが）。

しかし、ここで熟年ベンチャーを起業しようとしている方にもう一度考えていただきたいのは、本当に今やろうとしているビジネスは社会に必要な、社会の役に立つビジネスなのだろうか、ということです。

なぜなら、熟年ベンチャーは自分自身が生きるため、家族を食べさせるためにどうしてもやらねばならない、というものではありません。若い頃の起業は、それこそ自分や家族が食べていくこと、豊かになることが目的だったでしょう。しかし、シニア層になってからの起業は、金銭的なことだけでなく、人生の最後まで心豊かに、意義のある人生を送ったという実感を得るために取り組むものです。だからこそ、世の中で本当に必要とされて

いると自分自身で実感できるものでなければ、なかなか続けることができません。若い頃のように、金銭的な動機だけでは続けられないのです。

最近は、2006年にノーベル平和賞を受賞したグラミン銀行の総裁、ムハマド・ユヌス氏が提唱する「ソーシャル・ビジネス」が、世界的なブームになっています。「ソーシャル・ビジネス」とは、貧困や差別、環境問題といった社会問題の解決を目的としたビジネスですが、そのようなビジネスに優秀な若者が魅力を感じ、どんどん起業したり、就職したりしています。つまり、人間はお金を得るためだけでなく、その仕事が世の中に対してどんな役に立つのか、その意義を考えるものなのです。

社会に出たばかりの20代、30代の若者ならいざ知らず、50代、60代の皆さんは、自分の命には限りがあることを知っているはずです。その掛け替えのない命（＝時間）を使う価値はその事業にあるのか、ぜひ起業の前にもう一度、自分自身に問いかけてみてください。

そして、間違いなく、これこそ自分の生涯の後半を飾るにふさわしい、自分の残りの人生をかけてでも成し遂げるべき事業だと確信できるなら、それは必ず、皆さんの定年後の人生を充実したものにしてくれるはずです。成功を心からお祈りしたいと思います。

◆熟年ベンチャー成功の秘訣◆

シニア層の起業は「金銭欲」だけでは続けられない

自分の限界を決めてしまうと壁に囲まれる

熟年ベンチャーを考える50～60代にとって、最大の障害（＝壁）は、もしかしたら「家族」かもしれません。もうすぐ定年退職を迎えようとしているか、すでに定年退職をした夫や妻が「起業を考えている」と打ち明ければ、たいていの反応は、「そんなバカなことを！」というものになってしまうと思います。なかなか、すぐに応援してくれる家族は少ないのではないでしょうか。私の場合、亡き妻とは大学受験に失敗して浪人していた頃から同棲しており、大学卒業と同時に起業したので、反対も何もありませんでした（80歳での起業のときは、妻はすでに亡くなっていました）。そんなわけで、ここでどうすれば起業するときに家族を説得できるか、というノウハウをお伝えすることはできません。

しかし、起業というものは相談したら、たいてい反対されるものです。そして起業するのは本人であり、反対する人は無関係ですから、反対する人を説得して賛成させても意味がありません。結局、必要なのは、「やります」という決意表明だけです。そして、宣言したあとは、もう「やるだけ」です。さすがに家族に黙って勝手にやるのは良くないので、正直に自分の気持ちを打ち明け、「とにかくやると決めた」というしかないと思います。

事業計画を説明してもいいですが、起業する前の話ですから、実際にやってみなければどうなるかはわかりません。「失敗したらどうするんだ」と聞かれても答えようがないので、「やる。成功の自信はある」といい切るのが良いでしょう。

私の妻は起業には特に反対せず、大学卒業後は自分も働いて家計を支えてくれましたが、どこの家庭でもそんなふうに協力してもらえるかどうかは、わかりません。しかし、起業を考えた場合には、普段の家族との接し方を変えるところから、準備したほうが良いでしょう。ある会社を早期退職して技術的なコンサルタントを始めた人は、独立することを妻に伝えたところ、「あなたなら何をやっても成功するだろうから、私はあなたに付いていくわ」といわれたそうです。できれば、そんな夫婦関係を築いておきたいものですね。

いずれにせよ、熟年ベンチャーとして起業を考える皆さんの周りには、基本的に「無理だ」「できっこない」「年齢を考えろ」という人ばかりが、壁のように立ちはだかると思っておきましょう。そんなとき、「自分に限界はない！　年齢も関係ない！　とにかく俺は起業するんだ！」というくらいの、自分の限界を決して認めない姿勢を持って、初めて起業は成功すると思います。

◆熟年ベンチャー成功の秘訣◆

誰に否定されようとも、自分だけは、「自分の可能性」を否定してはいけない

戦国武将に学ぶ事業承継のタイミング

熟年ベンチャーの場合、事業承継というのはかなり先でありながら、考えておかなければならないテーマです。起業する前から事業承継を考えるのも妙なものですが、50〜60代で起業するのであれば、そう遠くない将来に事業承継せざるを得ないときが来るでしょう。

ちなみに、私が最初に創業した会社を事業承継したタイミングは、70歳のときでした。社長から代表権のある会長になり、75歳で代表権を返上しました。そして今の会社を起業するときに、会長もやめています。

この70歳で事業承継というのは、特段の考えがあったわけではなく、普通は70歳前後で第一線は退くものだ、というイメージから決めました。やめてからの計画も特にあったわけではなく、ブラブラしていたら、「水素ガス吸入器」に出会い、「長年求めていたのは、これだ！」と閃《ひらめ》いて、80歳で起業に至った……という流れです。

「水素ガス吸入器」との出会いが2015年2月、前の会社の会長を退任したのが2015年7月でした。

私のやり方で参考になるかもしれないのは、あえて「年齢」でバッサリと事業承継のタイミングを決めたことです。そうすることで、周囲は事業承継の準備をスケジュールに沿って、進めることができました。大きな仕事の進捗や会社の業績を見て、事業承継のタイミングを決めるという方法だと、スケジュールが確定しませんから、準備が整えられません。また、ダラダラと後継者に引き継がず、自分が居残ってしまう可能性もあったでしょう。

戦国武将の後継者選び（これはほぼ、事業承継といって良いでしょう）も、参考になります。後継者選びの成功例としては、やはり徳川家康の例が重要です。

家康は、織田信長や豊臣秀吉が後継者をなかなか決めず、その結果、織田家や豊臣家が滅亡したのを見ていたためか、全国の武家のトップである征夷大将軍に任命されてから、わずか2年でその地位を息子の秀忠に譲りました。

しかし、実権は握ったまま、大阪冬の陣・夏の陣で徳川家の治世を盤石にしたのち、完全に引退しています。

ここで参考になるのは、家康が後継者をサポートできる余力を残した状態で、後継者選び（＝事業承継）を行ったことです。家康は征夷大将軍を秀忠に譲りましたが、ゴタゴタが起こった場合、軍事的にも政治的にも即座に対応できる状態を保っていました。それが結果的に全国の大名の動きを牽制し、徳川家を安泰に導いたと思います。

一方、武田信玄や斎藤道三など後継者選びで失敗し、滅亡した戦国大名も数多くいます。

せっかく起業した熟年ベンチャーが、皆さんの引退と共になくなってしまうのは大変もったいないものです。ぜひ、会社が軌道に乗った頃にでも、じっくりと事業承継について考えてみてください。

◆熟年ベンチャー成功の秘訣◆

事業承継については、「早めの判断」が成功のカギ

第7章 エンディングノートは書くな!

なぜ、80歳から起業したのか？

ここで改めて、私が80歳で起業したときのことをまとめておきましょう。私が前に創業した会社では、月に1回、いろいろな先生に講演に来ていただいていました。そのなかのある先生が、2015年の2月に「水素ガス吸入器」を見せてくださったのです。これは面白いと、そのときの私は直感しました。

早速その製品を値段も聞かずに購入し、調べたところ台湾製だったので、購入した翌月の3月には台湾の生産会社を訪問し、さらにその翌月の4月には「水素ガス吸入器」の無料体験コーナーを開設しました。5月には創業した会社の会長職を退任し、現在の会社を起業したのです。

私が開設した「水素ガス吸入器」の無料体験コーナーには、一年で延べ5000人以上の方がいらっしゃいました。糖尿病の方が毎日通われたり、パーキンソン病の方が毎日朝晩、2回来られたりしました。そんな方たちの真剣な様子を見て、「これはいい加減な気持ちでやってはだめだ」「命と向き合う仕事なんだ」と感じたのです。そこでこの装置を国産化し、日本で売ろうと決めました。

正直、そこからの5年間はあっという間でした。最初の3年間は、当社の水素ガス吸入器は全然売れませんでした。それでも、医師の赤木純児先生（くまもと免疫統合医療クリニック院長）をはじめとした方々が、当社のガス発生吸入器を診療や研究に使ってくださり、少しずつ売れ始めたのです。そこまでは大変でしたが、まったく老け込む暇もない日々でもありました。

そんな経緯だったので、熟年ベンチャーというものは、あまりにも先のことを考えて、つねにきちんと先まで見通しがついていないと決断できない人には、難しいかもしれません。ある程度は、「思い切ってやってみる」ところが必要だからです。

また、「自分を信じられるかどうか」も、成功するかどうかの分かれ目です。「必ずうまくいく」、「うまくいくに違いない」と、自分を信じて努力すれば、いつの間にかそうなりますが、「売れるのかな……。どうかな……」と思っていたら、やはりできないままで終わります。ですから、やはりある意味での「決心」や「覚悟」が熟年ベンチャーには欠かせません。しかし、本当に一生懸命、信じて取り組めば、最後は必ず物事は叶うものです。これは私の60年の社長生活からいっても、間違いない真実だと思います。

さて、私が80歳で起業できた理由ですが、それは「好奇心」が旺盛だったためだと思います。私は今までにない新しいものを見つけると、すぐに取り組んでみたくなるのです。

これは持って生まれた性格かもしれませんが、前にも書いたとおり、「燃える水」や「自動車の燃料を節約できる装置」にも飛びついたくらいです。

また、子どもの頃から新しいことを考えるのが好きでした。学校の用務員さんや、デパートの清掃員さんが持っているような、床に置くとカパッとフタが開き、持ち上げるとパタンとフタが閉じるチリトリの、日本で最初の原型を木で作ったのは、おそらく私です。当時はまだ、そういうものは世の中にありませんでした。

また、宅急便などの荷物を受け取るための「宅配ボックス」と「そこにハンコを設置しておく」というアイデアも、30年以上前に思いついて、自宅で使っていました。これなどは、もう少し考えていれば、ビジネスになっていたかもしれません。このように、「好奇心」と「工夫する心」を持つことこそが、私が80歳になっても起業できた秘訣だと思います。

◆熟年ベンチャー成功の秘訣◆

「好奇心」と「工夫する心」があれば、80歳でも起業できる！

新型コロナで起業は180度変わった

２０１９年11月に、中国の武漢市で１人の新型コロナウイルスの感染者が出ました。新型コロナはたった１人の患者から、その後に世界的なパンデミックとなり、日本だけでなく、世界の経済に大打撃を与えました。

都市封鎖（ロックダウン）により、飲食店、ホテル、アミューズメントなどの、ほとんどのサービス業が成立しなくなったからです。

この科学の進んだ現代において、経済が崩壊寸前にまで追い込まれました。日本でも多くのサービス業が倒産、従業員解雇（リストラ）、自殺する経営者も出るなど、未曾有の時代になりました。これまでに何度も地震・津波・水害などの自然災害に鍛えられていた日本ですが、今回はそれ以上の危機が襲って来たのです。まさに経営者にとっては想定外の危機でした。

そこで、経営者は生き残るために、経営方針を１８０度変えなければならなくなりました。一言でいうと、「業態転換」を考える必要に迫られたのです。「売る商品」「売る場所」「売る人」「売る値段」を、劇的に変えなければならなくなりました。

たとえば、コロナ以前の時代では、たくさん人を集め、たくさんの物を売るビジネスが台頭していましたが、コロナ以降は、人をたくさん集めてはいけない時代になりました。これはビジネスモデルが変わったどころではない、コペルニクス的大転換です。天動説が地動説に変わったくらいの変化かもしれません。

それに合わせて経営者も、180度意識を変えなくてはならなくなりました。これからの産業は、命に直接関わらないものは、どんどん廃れていくでしょう。たとえば、今までは女性が通うネイルサロンは大盛況でしたが、新型コロナでリモートワークが盛んになり、緊急事態宣言も出たことで、誰もネイルサロンに行かなくなってしまいました。ネイルサロンがなくても人は死なないため、これから関連業種も含めて、ネイルサロン業界はバタバタと倒産していく可能性があると私は見ています。これくらいモノの見方を変えないと、新しい世界で生き残ることはできないのです。

私は今、世界でもトップクラスの水素ガス吸入器を作っています。この水素ガス吸入器の噂を聞きつけ、元総理をはじめとして、何人もの政治家が私の会社を訪れてくださいました。さらに相撲の世界でも、トップクラスの力士が水素の力を利用して、歴史に残る記録を達成しています。

新型コロナは健康機器を取り扱う当社にとっては追い風になりましたが、私の周りの経営者を見てみると、ほぼ8割は新型コロナウイルスの影響を受けて、売上が下がっていきます。最初は影響がなくても、数カ月して玉突き事故のように、どんどん経営が厳しくなっていく会社をたくさん見てきました。

本書を読んで「熟年ベンチャー」で起業する方も、コロナ禍でも生き残れる事業を始めていただければと思います。「儲けの種」を見つけ、「年輪経営」で長く続く事業の仕組みを作ってください。「熟年ベンチャー」は、最初は大変かもしれませんが、非常にやりがいがある仕事だと思います。そして、やりがいと同時に、経営者はつねに頭と身体を使うので、認知症になる暇などありません。知らず知らずの間に、頭も身体も健康になっていきます。これは、85歳の私が証明しています。

そして、事業がうまく回り出したら、きちんと収益を得ることで老後の心配も消えるでしょう。ぜひ、「熟年ベンチャー」で、やりがいと健康とお金を手に入れていただきたいと思います。そして、自分の夢や周りの夢を叶える人生を生きてくださったら、これにまさる喜びはありません。

◆熟年ベンチャー成功の秘訣◆

新型コロナによって、ビジネスの「ルールそのものが変わった」ことに気づこう

お金を持って天国には行けない

ここでは2つのことをお伝えしたいと思います。まず、ひとつ目は「熟年ベンチャー」で稼いだお金は、貯め込むよりも、人生を豊かにするために使っていただきたい、ということです。せっかく稼いだお金も、使わなければ意味がありません。

定年後の金銭的な不安を解消することは熟年ベンチャーの重要な役割ですが、最後の瞬間に有り余るお金があったとしたら、それは非常にもったいないことです。ぜひ自分自身や、自分の周りの人、さらには世の中の人を幸せにするために使ってください。いずれにせよ、お金は天国までは持っていけないのです。

熟年ベンチャーで成功した場合、世の中の役に立つ組織に寄付をすることもおすすめです。国内にも国外にも、皆さんの支援を待っている団体はたくさんあります。活動に共感できる団体を探し、寄付をすることで、ますます皆さんの人生は豊かに充実したものになるでしょう。

実際、2013年にカナダとアフリカのウガンダで行われた実験によると、お金を自分で使うよう指示された人よりも、他人のために使うように指示された人のほうが、明らかに幸福度が高まった、という結果が出ているそうです。

さて、2つ目は、「熟年ベンチャー」で稼いだお金は、会社を発展させるために使いましょう、ということです。経営を始めたらすぐにわかることですが、会社を発展させるためには、お金はいくらでも必要です。会社をやり出したら、ほとんどの人は会社を大きくしたいと思うもので、大きくするためにお金はいくらでも必要です。

会社を大きくするのはとても面白いものです。なぜなら、会社の規模が大きくなるほど、より大勢の人を助けることができるからです。正直なところ、いくらあっても会社を大きくするお金は足りなくなりますから、お金が儲かりすぎたらどうしよう、などと心配する必要はありませんよ。

◆熟年ベンチャー成功の秘訣◆

お金を稼いだら、「使うこと」と「会社を発展させること」を意識しよう

願ったことしか実現しない

この世の中に人間が作ったものは、すべて誰かが心の中で、「こんなものを作りたい」と思ったものばかりです。つまり、人間が「作りたい」と思わなかったものは、世の中には存在しないということです。ですから、「心で思う・願う」ことには、とても強いパワーがあります。ものすごいエネルギーが秘められている、といってもいいでしょう。

たとえば、人間が何か行動するときも、必ず思うことが先になっています。それこそ「水を飲みたい」と思うから、水を飲みに行く。「山できれいな空気を吸いたい」と思うから、山まで出かけていくわけです。

反対に、もし心の中で自分自身を不幸にすることや、悪い結果などを思ってしまったら、そのとおりになってしまいます。だから、どんなときでも「悪いこと」を心の中で思ってはダメなのです。

自己啓発の元祖といわれるナポレオン・ヒルも、人間には「潜在意識（本人には意識できない意識の領域。無意識）」というものがあり、それは非常にパワーがあるから、潜在意識を動かせばどんなことでも達成できると語っています。私もそうだと思っていますし、何事もまず、強く思わないと実現しないと思います。

それこそ、寝ても覚めても、そのことを思っているくらいでなければいけません。また、針の先ほども「もしかしたらダメかもしれない」なんて、思ったらダメです。

しかし、会社経営では、予定どおりにうまくいかない場合のことも想定して計画を立てます。そうすると、この失敗することを考えてはいけない、という話と矛盾しそうですが、ちょっとそこは違います。

会社を経営する場合は、起こり得るあらゆることを予想しますが、日常的な業務と将来的な希望は、次元が違う話なので分けて考えてください。時間軸が違うといえば、わかりやすいでしょうか。つまり、長期的な展望としては、つねにポジティブな明るい未来を想像する。一方、短期的な会社経営においては、悲観的な予測も含めて、あらゆる手を打っておくということです。これを「長期楽観・短期悲観」といいます。

もし、長期と短期で思うことが逆だと大変です。なぜなら、長期的には「うまくいきっこない」と悲観的な未来を想像しつつ、日常業務はつねに楽観的な甘い想定で、事前に策を講じないわけですから、おそらく会社はあっという間に傾いてしまうでしょう。

これから熟年ベンチャーを起業しようと考えている方は、ぜひ、この「願ったことしか実現しない」ということを覚えておいてください。そして、まずは自分が望む未来を思い描き、その実現を強く強く願いましょう。それこそが、幸せな未来を実現する第一歩なのです。

◆熟年ベンチャー成功の秘訣◆

願ったことは実現し、願わないことは実現しない。それが世の中の仕組み

「当事者精神」が成功の鍵

私の人としての師匠である栗山奉行先生は、「神様に拝まれる生き方をしなさい」と教えてくださいました。もともと神様は人間を助けることを望んでおり、だから人間がほかの人間に優しく接し、助けてあげると、「私の代わりをやってくれて、ありがとう！」と人間を拝んでくださるのだそうです。つまり、日頃からそういう生き方を心がけなさい、というお話でした。

ですから、私にとって神様は拝まれるものであって、願い事をする対象ではありません。願い事は自分自身にします。自分の中に、神様がいるからです。そして、そのときの頼み方は、「できるに決まっている」と思い込むことです。

本来、願い事の当事者は自分自身であり、その実現の全責任は自分にあります。だから神様に頼んでも仕方がありません。栗山先生にも神様に頼んではいけない、頼むべきでもない、と教わっていますから、全部自分でやるしかないのです。

私は、これを「当事者精神」と呼んでいます。当事者精神を持てば、その願い事が実現するかどうかは、１００％自分の問題になりますから、集中力が変わってきます。それを実現するために、ありとあらゆる手段をとる行動力、瞬発力が出てきます。「何が何でも、この問題は自分が解決するのだ」という気力が湧いてくるのです。

しかし、神様に限らず、少しでも誰かに頼りたいという「依頼者精神」が出てくると、とたんに行動は鈍くなります。なぜなら、依頼心が出た瞬間、100%本人の問題ではなくなってしまうからです。それがときには自分の願い事なのに他人事みたいになる「評論家精神」になったり、実現しないのはすべて自分のせいなのに、他人のせいにする「被害者精神」にまでなってしまったりするのです。

では、神様に対してどう接すればいいかというと、栗山先生は「感謝しなさい」と教えてくれました。神社に行ったらお願いするのではなく、感謝しなさい、ということです。先生に教わった正式な神様の拝み方は、次のとおりです。まず、神様に対して「恐れ入りました」という畏敬の念を持ちます。次に、「神様は本当に素晴らしい」という賛美・賛嘆の心になります。それから感謝の心を持ちます。最後に、「なかなか神様に気に入っていただけるような行動をしていなくて、申し訳ありません」というお詫びの心を持つ。これが神様を拝むということであり、そこに「神様にお願いする」というものが入る余地はありません。

長々と神様の拝み方の説明をしましたが、要するに神様に頼らず、つねに当事者精神を持つことが成功への道ということです。熟年ベンチャーを起業しようとする皆さんにとっては、特に大切な心構えといえるでしょう。

◆熟年ベンチャー成功の秘訣◆

「当事者精神」で成功し、「依頼者精神」「評論家精神」「被害者精神」で失敗する

100歳までにやりたいことを100個書き出す

ここまでお読みいただいた皆さんの頭の中には、さまざまな「儲けの種」のアイデアや、やってみたいことがグルグルと渦を巻いているのではないでしょうか？　ぜひ、ここで紙や手帳、日記などを用意して、「100歳までにやりたいことを100個書き出す」というチャレンジをしてみてください。

それができたら、今度はそれらを実現するための方法を、具体的に考え始めてみましょう。大切なのは、まず「必ず実現できる」と思い込むこと。次に「その実現の全責任は自分にある」という当事者精神を持つことです。

皆さんが50～60代ならば、100歳まではまだまだ時間があります。やりたいことを100個挙げたとしても、きっとすべて実現させることも不可能ではないでしょう。また、このチャレンジをすることによって、いくつも新しいビジネスプランを思いつくかもしれません。仮に100歳まで40年あるとしたら、10年単位で4つのビジネスができます。それこそ一生、退屈とは無縁に生きることができるでしょう。まさに人生はこれからであり、エンディングノート（人生の終わりに向けて個人情報や思い出をまとめる終活用ノート）

など書く必要はありません！

私自身のやりたいことは100個もありませんが、一番実現したいことは「株式会社ヘリックスジャパンを大きく成長させ、水素ガス吸入器を日本中に普及させること」です。今の私はいろいろやりたいことを挙げても、とても手が回りませんから、まずはこの目標に向かって一生懸命やるしかない、と思っています。皆様の起業の成功と、幸せな人生を心からお祈りしています。

◆熟年ベンチャー成功の秘訣◆

夢を実現する第一歩は、まず具体的に夢の内容を紙に書き出すこと！

有澤生晃（ありさわ・たかあき）

１９６０年、早稲田大学法学部卒業と同時に、「バナナをお腹いっぱい食べたい。そのためには社長になるのが早道」と、６１年、マンションなどの大規模修繕を行う、株式会社日装を創業。代表取締役に就任。１９８９年、日本料理の株式会社八十嶋取締役会長に就任したほか、同年、Nisso Papillon Hawaii co,. Ltd を設立し、ハワイでのマンション関連事業も展開。大学卒業後、一貫して実業家の道を邁進した。

その後、２００４年、株式会社へリックスジャパン取締役に就任。

同時に早稲田大学、社会システム工学研究所、客員研究員として、埼玉県川口市の中小企業の経営改善の指導なども行う。

２０１５年、８０歳で株式会社へリックスジャパン代表取締役に就任。

水素ガス吸入器『Hycellvator ET100』の製造販売を開始。水素ガス吸入器を普及させ、平均寿命に健康寿命を一致させることを目指し、８６歳（２０２１年現在）の現在も日本中を駆け回る毎日を送っている。

〔連絡先〕
株式会社へリックスジャパン　https://helixj.co.jp

熟年《じゅくねん》ベンチャーの始《はじ》め方《かた》
【48の成功《せいこう》ルール】

2021年９月17日　初版発行

著　者　有　澤　生　晃
発行者　和　田　智　明
発行所　株式会社　ぱ る 出 版

〒160-0011　東京都新宿区若葉1-9-16
03(3353)2835 — 代表　03(3353)2826 — FAX
03(3353)3679 — 編 集
振替　東京 00100-3-131586
印刷・製本　中央精版印刷(株)

ISBN978-4-8272-1302-7　C0034